難民を追いつめる国

クルド難民座り込みが訴えたもの

クルド人難民二家族を支援する会 編著

緑風出版

目次

難民を追いつめる国

クルド難民座り込みが訴えたもの

目次

写真提供　周香織他

はじめに　「難民鎖国」不思議の国ニッポン

日本にいる難民申請者と、その人たちが置かれている状況の問題を知ったのは、私の勤務する定時制高校に、カザンキラン家のハティジェとメルジャンの姉妹が入学してきたのがきっかけでした。彼女たちと話す中で、クルド民族と、トルコにおけるクルド人迫害《はくがい》のことを知りました。しかし、カザンキラン家は入学の相談に来た段階から（マンデート（巻末用語集参照）ではありませんでしたが）国連から難民として認められていました。

今にして思うと恥ずかしい話ですが、時間はかかるかもしれないが日本でも難民として認定されるのは確実だろうと私は無邪気に信じていました。国連が認めているものを日本が認定しないなどあり得ないと思っていたのです。この国の難民行政のデタラメさを思い知った今でも、国連が認めたものは素直に日本も認定すべきだという考えは変わりません。日本が世界の「孤児」にならないためにも、そうすべきだと切に思います。

しかし実態はどうでしょうか？　日本にはクルド人だけで四〇〇名あまりいるといいます。彼らの多くは、少なくとも一度は難民申請をしています。しかし認定されたのはイラク系クルド人ただ一人だけです。もっとも数の多い、トルコから来たクルド人で難民として認められた人は一人もいません。これだけを見ても日本の難民認定のお粗末さは明白でしょう。トルコは民主主義国家だからクルド人迫害はないというのがわが国の公式見解です。クルド人を難民として認めてしまえば、トルコとの友好関係を崩してしまうということらしいのですが。しかしそれは詭弁《きべん》です。今でもトルコにおいてクルド人への迫害・差別は厳然としてあるし、日本と同じくトルコと友好関係を築いているアメリカですら毎年多数のトルコから来たクルド人を難民として受け入れています。友好国は友好国、難民問題はまた別とどうして割り切った外交が出来ないのでしょう。国際化を謳《うた》いながら、日本に救いを求めてきた人たちを排除することしか考えていないこの国の政治はどうなっているのでしょう。国際貢献《こうけん》とは軍事援助のことではないはずです。頼ってきた人たちにきちんとした対応をし、平和で安全な暮らしを保障することが国際的な尊敬を得ることにつながるのではないでしょうか。昨年日本が難民として認定した人たちはわずか一〇名です。アメリカ・イギリス・フランスなどのいわゆる「先進国」では、毎年数千人から数万人の単位で難民認定をし、その人たちを受け入れているのに。

この数の差は何でしょう？　欧米諸国が果たしている責任を日本はなぜ担えないのでしょう？　私はこれを日本の恥だと思います。国連安全保障理事国入りに意欲を燃やす国の、このていたらくは何なのでしょうか？

しかし実は人のことは言えません。先ほども書いたように、日本にはおよそ四〇〇名のクルド人がいます。そしてその内の三〇〇名以上は埼玉県南部の蕨市と川口市に住んでいます。私は埼玉県で四十年以上暮らし、川口市の高校で十一年間教えています。しかし、クルドの人たちの多くがこの地区に住み、クルディスタンをもじって「ワラビスタン」と呼ばれているのを知ったのは、つい最近のことです。もっとはっきり言えば、カザンキラン家・ドーガン家の一二人が危険を顧みずに素顔を公表し、勇気ある訴えを起こしてからのことなのです。そんな自分を恥ずかしく思います。すぐ隣に日本に助けを求めてきた友人たちがいたことに気づかなかったのです。

しかし今私は日本の難民問題を知ってしまいました。気づかずにいれば知らん顔も出来たでしょうが、知ってしまった以上日本国民の一人としてそれを糺《ただ》す責任を感じています。そうして、そのことに気づかせてくれたカザンキラン家・ドーガン家の方々には感謝しています。

難民申請者にとって、その素顔と名前を公表し、人前で意見表明することは自殺行為だとされてきました。もしも出身国に帰らなければならなくなった時、そのことによって迫害を受けるのは目に見えているからです。しかし、そのために難民問題はニュースになることが少なかった。隠れた問題になりがちだったのです。多くの人がその実態を知らず、それが入国管理局や法務省の難民に対するひどい対応を隠してしまいました。二家族はこのままでは何も解決しないと考え、名前を公表し、マスコミに訴えるためデモを始めたのです。そして、そのデモによって目を開かれた日本人が何人も何十人も生まれました。二家族と一緒に活動するサポーター達が誕生したのです。

以下に書くのは、カザンキラン家・ドーガン家二家族の訴えに共鳴し、自然発生的に青山国連大学前に集ったサポーター達と、クルド難民二家族の灼熱《しゃくねつ》の夏の記録です。

第一部

人権を求めて

第一章　決意の一二人

　この章は、カザンキラン家・ドーガン家の二家族が何を思って座り込みに突入したかを聞き書きしたものです。カザンキラン家には二〇〇四年の十二月から〇五年の一月にかけて聞き書きをしました。読んですぐにわかることですが、カザンキラン家の父親アフメットさんの証言がありません。これは一月の入国管理局への出頭が終わってから話を聞こうと予定していたところ、あの強制送還が起こってしまったせいです。一緒に送還されたラマザンは、出頭の二日前にぎりぎりのところでインタビューができました。今にして思えば、その後の事態を暗示する内容だったと思います。

　ドーガン家のインタビューは二〇〇五年の五月に行いました。カザンキラン家の二人の強制送還・ドーガン家のエルダルさんの一カ月半にわたる収容など、多くの事件に翻弄《ほんろう》され、なかなかインタビューの時間をとることもできませんでした。

　彼ら一人一人の証言にはひじょうに深い問題が内包されています。ぜひ生の声としてここに収録しておきたいと思いました。お互いの証言の中には小さな矛盾もありますが、できるだけそのままの言葉を尊重しようと、あえて手を入れることはしませんでした。

アフメット・カザンキラン（父）47歳？

※コラム内の年齢は全て座り込み当時のものです。

1990年初来日。一度帰国。96年9月8日再来日。3度の難民申請。最初の難民申請が認められなかったことを不服として裁判を起こす。地裁では勝訴するも、高裁にて敗訴。最高裁への上告は断念する。闘う家長。口癖は「これは私たち一家の問題ではない。日本の、人類の問題ですよ」。年齢にクエスチョン・マークが付くのは、本人もよく分からないせい。トルコでは出生届もかなりアバウトで、45～48歳であることは間違いないらしい。病気のデパートと言えるほどあちこちが悪い。日本で収容された時に体を壊されたという。

今は本当にやせているが、かつては紅顔の美少年だった。定期入れの中に自分の10代の頃の写真を隠し持っているが、アイドルグループの一員と言っても通るほどのハンサムだった。

サフィエママ

入管のやっている事が凄く悪いので、何かどうにかしなければいけないと思って、皆と話し合って国連の座り込みをやるしかないと思いました。座り込みをしている時は、楽しいこともあったし辛いこともあった。大雨の時、テントの中まで水が入ってきてとても辛かった。でも、サポーターの皆さんと一緒で楽しかった。ありがとう。我々と一緒に頑張ってくれた日本人の皆さん、ありがとうございます。

そして、UNHCR（国際連合難民高等弁務官事務所）に言いたい事があります。ユニセフは子どもを守るシステムではないのですか？　それなのに私の子ども達を何も助けてくれなかったです。座り込みをしているある日、国連大学の建物の中でJICA（国際協力事業団）の難民イ

サフィエ・カザンキラン（母）38歳

2002年11月5日来日。空港から6日間収容される。やさしい母。

いつもちょっとまぶしそうな目つきではにかんだように微笑んでいるが、芯はものすごく強い。そうでなければ、あのやんちゃな亭主と暮らしていけるわけがない。日本語はあまりうまくない。じっくりと人の話を聞いて、家族に通訳させてから、ものすごい勢いでトルコ語（クルド語？）でまくし立てる。それからまたふっとはにかんだように笑う。そのメリハリがすばらしい。そばにいる人を安心させるようなオーラがある。サフィエさんに会いたくて国連大学前に通ったサポーターも多いと見た。

ベントがあり、息子のラマザンもＪＩＣＡに招待を受けました。なのにＵＮＨＣＲは座り込みをしているという理由でラマザンを中に入れてくれなかったのです。結局、ＪＩＣＡがＵＮＨＣＲの職員に頼んで中に入れてもらう事が出来たけれど。

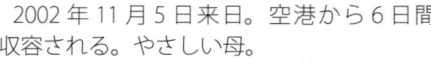

　私達だって人間です。それなのになぜ、私達は駄目なのですか？　皆、兄弟じゃないですか。私は日本が助けてくれるんじゃないかと、ずっと待っていました。でも何もしてくれない。もう、期待しない。

ゼリハ

　私達は七月一三日に座り込みを始めました。父達は車で一週間分のご飯と、着るものと毛布を運んできてくれました。その日から国連のドアの前で過ごしました。三日ぐらいたてばなんとかなるんじゃないかな、ＵＮＨＣＲが助けてくれるんじゃないかな？　と思っていました。でも、三日たっても何も変わりませんでした。ドアの中から「どうしたんですか?」と聞いてくれる人がいて説明したりしました。

一週間たてば何とかなるんじゃないかな? と真面目に信じていました。それなのに何も変わらなかった。本気でやれば国連に伝わると思っていたのに何も変わらなかった。

けど、この座り込みで日本の人達が助けてくれるとは思わなかった。驚いた。日本にも素晴らしい人がいることを知り、日本に対する考え方も変わった。だけど日本政府は本当に考えられない。国連の座り込みで日本政府は本当に酷いと思った。私達が頑張って少しは変わってきたけど、何でこんなに頑張らなければ変わらないの?

この国では私達だけじゃなく日本人も辛い人がいっぱいいる。日本政府は日本の人達の事をまず考えてほしい。そして、その次に私達の事も考えてほしい。このシステムはいつまでつづくのかし

ゼリハ・カザンキラン(長女)21歳

2002年11月5日母とともに来日。やはり空港から6日間収容される。知的なお姉さん。
ひじょうに責任感が強く、妹たちの心配ばかりしていた印象がある。デモの間にひどくやせてしまった。トルコで高校を卒業し、大学にも通っていたらしい。ホームページを作るなど、一家の広報担当。見た目は有能な秘書という感じ。何をやらせても完璧にこなしそうなイメージがあるが、妹たちによれば一番おっちょこちょいだという。やはり妹たちによれば、料理は下手だというが、いつか作ってくれたビーフシチューのようなものは美味だった。
おしゃれで、なぜかよく髪型を変える。それで変えた直後は恥ずかしそうにしている。本当におっちょこちょいなのかもしれない。

ら……?

私達は政府より弱い。でも、いつか状況は変わる。私はこの座り込みを絶対に忘れない。ただ、普通の生活をしたいだけなのに。なぜ、こんなに頑張らなければいけないのかな……?

日本国民の皆さんに一つだけ言いたい事があります。この国は私達の力で変わる訳ない。だから一緒に変えていきたい。

ラマザン

入管とか、国連や国民に伝えたい気持ちもあったし、(日本政府は)全然、何もしてくれないし、これからももっと難民に酷い事するだろうし、それを止めたかった。とにかく何かしないとマスコミは動かないだろうし、ニュースになれば(難民の)皆の助けにもなると思った。

七十二日間、毎日毎日大変で、暑い中フロもない、ご飯も同じものばかり。精神的にとても辛かった。でも、辛くても大変でも頑張るしかなかったから、最後の最後まで良い結果が出るまで頑張ったと思う。

その座り込みで知り合った日本の人達、ありがとうございます。たくさんの人達、何十人もきてくれた。色々な人達と知り合えた。でも、もっともっとたくさんの日本人に来て欲しかった。もっと色々な人と平和について話をしたかった。でもやって良かった。なぜなら少しでも(状況が)変わったと思うから。国連も入管も困ったと思うしね。

ラマザン・カザンキラン（長男）20 歳

2000 年 12 月 23 日来日。関西空港で 27 日間拘留される。長身のハンサム・ガイ。

たぶん父親に一番似ている。日本語は一番うまい。デモの最中はアルバイトのため別行動をとることが多かった。ものすごく頭は切れると思う。家族の中でも、一人ちょっと距離を置いて物事を見ているような気がする。付和雷同しないタイプなのだと思う。

どこから見ても、頼りになる長男という感じである。

この前、六本木でトルコ大使館の奴に会った。そいつは二番目に偉いとかいう奴で、俺や（俺がいない時も）友達に対して、

「あいつら（二家族）のせいで、こっちは大変だったよ」

「国連大学前でショーみたいなことやりやがって」

「あいつらが強制送還されたら、やる事（拷問）は決まったな」

その他にも、「入管からトルコ政府にお前らの情報が全て行くんだぞ」とか言っていた。そう言っておいてあいつらは難民達に情報を聞きまわっている。難民がそいつらに本当の事、言える訳ないじゃないか。あいつらは人を馬鹿にしてるよ。

日本国民や世界の人々に伝えたいことがあります。正義を求めて、何でもちゃんと守って欲しい。平和と民主主義を目指して動いて欲しいです。お願いします。そうすれば、自分や家族や国の皆の為に良くなると思います。その事を目指して頑張りましょう。

誰かが何かするにも、その人の立場になって考えてやって欲しいです。

世界の皆さんへ

世界で何がおきても、それは皆の責任です。民主・平和・正義を守ってやれば、戦争も悪い事も起きない。もう一度お願いします。この三つを守ってやりましょう。お願いします。自然と生き物を愛しましょう。それは人間も動物もってことです。生き物を愛しましょう。

ムスタファ

いつか何とかなるんじゃないかと思ってずっと待っていた。色々な事が辛い。金がなくて欲しいものが買えなくて困っていた。働けない。自由がない。

父が国連に座り込みをするしかないと言い出した。待っていたら、退屈な生活とストレスがずっと続く。だから皆で決めた。

父は他のクルド人達にこの事を伝えた。始めは六家族で座り込みをする予定だったけど、一日前になったら「うちはやっぱり出来ない」「後で来るよ」と言われて結局、二家族のみでやることになった。

一週間たって、メディアはなかなか来なかったけど、だんだん後になって来るようになったので、なんとかなると思い毎日が続いた。寂しい時もあった。雨が凄い時は辛かった。お風呂はUNHCRに来て二週間くらい入らなかった。トイレはUNHCRが貸してくれなかったので隣のビルに毎日行った。とうとうある日、掃除の人が「やりすぎじゃないですか?」と言ってきた。私達は掃除の人に説明した。〇時にはビルが閉まるのでセブンイレブンのトイレに行った。

ムスタファ・カザンキラン（次男）18歳

2002年5月21日来日。一言で言うと無口。これにつきる。

ほとんど話しているのを聞いたことがない。日本語があまりしゃべれないのかと思っていたら、そうではないとのこと。かなり細かいニュアンスまで理解できるらしい。どうも言語コミュニケーションに重きをおいていないフシがあり、そういえばトルコ語でもあまりしゃべっているのを見た記憶がない。では偏屈なのかというと全然そんなことはなく、一番人なつっこいかもしれない。デモの最中もよく若いサポーターとふざけていた。バク転やカンフーポーズの練習もよくしていた。

独特のユーモアセンスからか、入国管理局で延々と待たされみんなが苛立っている時、ひとりひとりに握手を求めてからおもむろに審査室へ突入するというパフォーマンスを見せた。でも、あれだけはやめてね。心臓がドキッとするから。

一週間過ぎた後、やっと近くでお風呂屋を見つけた。時々は近所の人がお風呂を貸してくれたりした。ＵＮＨＣＲの前には水道があってそれをシャワー代わりに浴びたりもした。暑い時、とても大変だった。ＵＮＨＣＲの日陰のあるところ、座ってはいけないとＵＮＨＣＲの人に言われて大変だった。けど、皆が頑張ってくれて、差し入れしてくれて、お風呂貸してくれて、手伝ってくれて。

皆さんには、色々ありがとうございます。

ハティジェ

トルコでは「クルド人はいない」と言われていて、クルドの言葉を喋ってはいけないと差別されていた。日本に行って自由な生活をするのが夢だった。でも、変わらなかった。難民としてもらうべきもの、日本では認めてもらえない。クルド人一人も。

　座り込みは本当は二月からやりたかった。二月に二日間、泊り込みで六〇人くらいでデモをやった。国連の人が出てきて「私達はあなた達の為に頑張るから待ってて下さい」と言ったから私達は「ハイ、わかりました」と言ったけど駄目だった。いつも私達は「ハイ、わかりました」と言ったけど何も変わらなかった。（七月からの）デモは、日本は難民を認めないといけないことを教えたかった。

　他のクルド人はやめて二家族で座り込みをスタートした。始めは七十二日間続くと思わなかった。一カ月でなんとかなると思っていた。日本には本当に夢があって来た。大学に行って国際的な仕事についたり、弁護士になったりして活動して頑張りたかった。でも、叶わない夢だった。この歳でこうなって信じられなかった。自分は人間かしら？　と思った。いつも差別があった。

　でも、この座り込みでいい人がいて、どの国も国民は大好きだよ。でも日本政府は嫌《いや》。違う国に行ったら、また夢もって国際社会に出て世界を変えたい。

（座り込みは）結構辛かったけど、だんだん慣れた。けど、特に可哀相なのは小さいメルヴェとメモシュだった。始めお風呂がなかったから水道でメモシュを洗った時、水が冷たくて泣いちゃって可哀相だった。日陰がある場所をＵＮＨＣＲに追い出されて暑いテントの方に皆で移動したら、あまりの暑さにメモシュが食べた物全部吐いちゃった。

　トイレもＵＮＨＣＲは使わせてくれなくて隣のビルやセブンイレブンを使っていたんだけど、そこも断られるようになってＵＮＨＣＲに「トイレがなければ私達ここでするしかないよ」って言った事

ハティジェ・カザンキラン（次女）16歳

2003年6月11日来日。観光ビザをもっての入国。もっとも今は期限切れで立派な不法滞在者。

とても理知的な少女。数学的才能に優れている。この一家はみなそうだが、頭が本当にいい。1年半の滞在で日常会話はほとんど問題ない。

思慮深そうに見え、事実そうなのだが、ひとたび怒ると本当に怖い。アフメット氏の火のような情熱的性格を一番受け継いだのが彼女だろう。人当たりも普段は柔らかいが、この相手はだめだと見極めるとまったく相手にしなくなる。頑固なところもそっくりである。ただ、そういう相手にも一応の礼儀は尽くす。その点は抜かりない。

デモの最中に何回か倒れた。思いこみが強すぎて体にストレスが溜まったのだろう。いつもは音楽と踊りとアクセサリーが大好きな明るい少女である。学校では「どこに出しても恥ずかしくないハティジェ」で通っている。

もあった。お風呂がないのが女達はとても辛かった。近くでお風呂屋さんを見つけて初めて入った時、手とか擦ったら凄い汚れが出てきてびっくりした。二十一世紀の東京の真ん中で信じられないよね。

台風の時も大変だったよ。夜、寝てるとテントが凄く大風で動いて、雨がテントの中に入ってきて本当に大変だった。

それでも政府は変わらない。

マンデートが出て、国連が第三国を決めてもらえそうだから日本には一秒も居たくない。仕事も出来なくて、毎日家の中にいて生きているのか分からない。この時間がもったいない。埼玉から出るにも入管の許可がいる。許可を取りにいくと「何処に行く？　誰と？　何しに？」と聞かれる。

早く第三国に行きたい。でも、今までの

メルジャン・カザンキラン（三女）15歳

2003年6月11日姉とともに来日。観光ビザをもっての入国も同じ、今は立派な不法滞在者なのも同じ。

2家族の人々がみな「デブジャン」と呼ぶ。決して太っているわけではないが、いつも何かしら食べている印象がある。それから、デモの最中みんなは多かれ少なかれやせてしまったが、彼女はほとんど変わらなかった。それが評価を決定的にしてしまった。一番からかわれていて、ということは一番可愛がられている。

適応力がすごいのだと思う。いつも笑っているが、日本に来て中学に編入した頃いじめを受けたこともあり、実は苦労人である。だが、どこか素っ頓狂なその個性でいつの間にか愛されている。あの辛いデモの間も「今私が日本で一番有名な女子高校生だから」と芸能界からスカウトが来ることを心配（期待？）していた。

事は全部経験になったと思っている。

メルジャン

毎日、入管に怯える生活より座り込みの方がましだと思った。座り込みが始まった時、来る前は日本政府と国民は皆悪いと思っていた。まさかサポーターが来ると思わなかったからビックリした。いい人がいた事知らなかった。色々あった事楽しかった。やっぱり政府や入管が悪いのが分かった。

サポーターの皆はとてもありがたい。座り込み、自分の為だけじゃなくて難民、皆の為に頑張った。

エルダル

前からクルド人何人かで話した。友人の奥さんが二月二十四日に入管に捕まって、その日の夜から二十五日の昼まで国連大前で一日座り込みやった。その時は三〇人くらい集まった。夜中寒くて子ども達は可哀相だった。本当は何日も続けたかったけど、次の日「クルドを知る会」のメンバーに止められて中止になった。

　この後も仲間と話した。どうすればいいのか？　このままではいけない。一カ月に一回、ミーティングを開いて話し合った。今度、座り込みをやるときは最後までやりたいと思う者も何人かいたが、まだ日にちまでは決まっていなかった。

　六月十八日、品川の入管の前でクルド人で抗議行動をした。その後、日本語の上手なカザンキランさん、弟のデニズ、友人の三人が代表で渋谷警察まで行って国連に座り込みする為の許可証の相談に行った。警察は「国連の土地は政府と関係ないから許可証は特に必要ない」と言った。

　その日のうちに皆で集まってミーティングをした。でも、まだ日にちは決まらない。お金の事、仕事の事、問題は山積みだった。七月八日に難民支援協会のYさんに相談をした。その帰り道、トルコの兄から電話が来た。父の家の周りが警察の車

エルダル・ドーガン（父）30歳

1999年1月12日、トルコより来日。とにかく気難しいタイプで国連にいる間は笑ったところを見たことがない。さらに、ぶっきらぼうなため、実はまっすぐで人情味にあふれている人物である事はあまり知られていない。たまにギャグも言っているようだが、あまりにも無表情で本人が「ジョーダンだよ」と言うまで誰も気づかない。

何気にクルド料理が得意のようで、よくメリイェムの手伝いをしている。

三、四台に囲まれていて特別警察や公安庁など、そして日本の法務省の人間が来ていた。父はたまたま留守にしていたけど、近所の人が心配して兄の家に連絡してくれた。兄は父の家に迷ったあげく向かったが、特別警察達は堂々と家の中を二時間以上も調査した。法務省がトルコ政府に私が日本で難民申請している事を教えてしまったからだ。

私は電話を切った後、自宅に戻りカザンキランさん達を呼び出す。一〇人以上集まってどうしたらいいか話し合った。難民支援協会、アムネスティに連絡した。七月九日にＵＮＨＣＲのＫさんに助けを求める電話したが「時間がないので話はできません」と言われた。クルド人でまた話し合い、来週の火曜日から座り込みをやると決めた。

月曜日はカザンキラン家で座り込みの為の料理作った。またＵＮＨＣＲのＫさんに電話をし、一度会って話がしたいと伝えたが、Ｋさんは電話をかけ直すと言って切り、もうかけてはこなかった。

当日の十三日の夜、結局二家族だけになった。他のクルド人は当日になるとそれぞれの理由で来れないと言い出した。Ｋさんから電話が鳴った。「本当に来るんですか？　座り込みをしなければあなた方のサポートはします。来るならサポートはしません」と言った。私は「サポートは要らない。この問題を日本国中に伝えたい」

座り込みは始まった。他の仲間は来なかったが、私達は死んでもいいから始めた。お金が無くなった後の事なんか考えなかった。日本では今までクルド人を難民と認めてくれたことは無かった。悪い事をしていないのに収容所に入れられたり強制送還されたりした。日本の難民の問題伝えたかった。

デニズ・ドーガン 26歳

2000年5月20日、メリイェムと共に来日。エルダルさんの弟。いつも笑顔で、普段はとても明るく気さくな反面、ひとたび怒ると烈火のごとく激しく怖い。国連9.22事件では真っ先に彼が捕まるかと思った。日本語は2家族の中で最も上手で感覚も日本人に近い。毒舌家ではあるが憎めない人柄がデニズさんの魅力である。メルヴェ、メモシュは本当にデニズさんが大好きなようだ。

デニズ

日本ではトルコ国籍のクルド人を認めてくれないので、私は何もしていないのに捕まって収容所に入れられ精神的に病気にさせられ、国に帰すか、長い時間収容され、釈放される時は、犯罪者に出される「仮放免」の資格で外に出される。外に出されても何の自由もありません。生活では日本政府から一切サポートありません。私達の仕事する資格も出してくれない。こういう厳しい生活もまったく自由がなく、このままでは生きていけないと思って、私達の気持ちを政府と日本国民に伝えたかった。残念な事ですが、日本国民は難民を一切わかっていなくてとても悲しかった。

法務省が私達を難民として認めないので、私達の命をもっと危険にしてしまった。トルコの私の家に現地調査に入ってしまい、トルコに私達が日本で政治難民と言っている事を教えてしまった。このままじゃ、もともと国に帰れないのに日本政府のせいでさらに帰れなくなった。この事を政府、国連、日本国民に伝えたかった。この事で座り込みをやることに二家族で決めた。

日本にいる難民は一切自由がない。今のところ日本政府がやっている事は私達の国とたいして変わらない。これは本当に民主主義の国のやるべき事だろうか。

それで座り込みをやって政府と国民に対して、日本人サポート達のお陰でいくらか伝えられたと思っている。けど、座り込みで自分達の立場が悪くなってきた。カザンキランさんの強制送還に残りの家族が凄く悲しんでいる。私達ドーガン家もまったく安全ではありません。一番辛いのは、私は日本に来て五年、この中で日本の言葉、文化、日本人達に慣れてきた。だから日本で認めてほしかった。けど、日本政府がそれでも認めなくて私達は第三国に申請した。しかし第三国も私達を難民と認めてくれるか、まだわからない。とにかく何処の国でも安全で自由に生きていきたい。

最後に、日本政府は私達を認めないかもしれないけど、私の後に日本に来る難民に自由をあげて欲しい。そのために国民の力が必要だと思います。皆さんから協力よろしくお願いします。

メリイェム

日本政府が私達を難民として認めないから、夫が捕まって家族をバラバラにしたり、自由はないし、安全ではないし、子ども達の安全もまったく無い。子ども達も月に一度、入管で難民申請をしなければならない。メモシュは日本生まれなのに入管で申請しなくてはいけない。どこの国でも生まれた国の国籍もらえるのに、日本ではもらえない。赤ちゃんなのに入管に出頭させられ、インタビューに呼ばれる。

メリイェム・ドーガン（母）28歳

エルダルさんの妻。夫が夫だけあってメリイェムもそうとう肝が座っている。カザンキランさんいわく「クルド人の中でメリイェムさんが一番強い」そうだ。誰もが納得がいく。

今ももちろん美人だが、若い頃の写真を見るとハリウッド女優のように妖艶な美女である。

メルヴェ・ドーガン（長女）5歳

2002年4月29日、おばあちゃんに連れられ来日。

とにかく可愛い。「暴力的な可愛さだ」と言う人もいるほどだ。とても人懐っこく甘えんぼで支援者達にはとても愛され可愛がられている。おませさんでカメラを向けられると必ずカメラ目線でポーズを決めてくれる。大人に囲まれているせいか喋り方も大人びている。トルコ語と日本語が喋れるのはうらやましい。将来はさぞかし美女になるだろう。

メヘメット（メモシュ）・ドーガン（長男）2歳

日本生まれ。これまた天使のごとく愛らしい。しかし人懐っこいメルヴェに比べて人見知りが激しく、気難しい赤ちゃんである。大人の大きな靴が大好きで、誰かの靴を奪って履いては、もの凄いスピードで走りまわる。とにかく元気で暴れ者でじっとしていることが出来ない。

日本政府、認めるべきなのに夫のお父さんの家に行った。私も家族ももっと危なくなった。それが原因で座り込みする事になった。家族の命が危ないままでいるよりも、座り込みやる方がもしかしたら認めてくれるようになるかもって、何とかなるかもってあまり深く考えていなかった。

でもやって良かった。やっている時、大変辛かったけど日本人の仲間が出来た。お陰で第三国に行く可能性が出来た。皆に感謝しています。

（インタビューアー・織田朝日）

国連大学前座り込み七十二日間　行動の記録

7月

13(火)　二家族座り込みスタート
14(水)
15(木)
16(金)
17(土)　←青山学院大学の学生などが少しずつやってくる
18(日)
19(月)
20(火)
21(水)
22(木)
23(金)　あだっち座り込み参加。人を集めだす。東参加。
24(土)　國場、織田、あきこ参加。カザンキランの友人、ジャマルも参加。
25(日)　ムキンポ参加。寺井参加。あきこ、各議員に援助を求める手紙をだす。
26(月)
27(火)　喜納昌吉議員訪問。
28(水)
29(木)
30(金)　ジャーナリスト野中章弘さん訪問。活動家渡邉修孝さん訪問。
31(土)　←あだっち渋谷近辺ポスティング
辛淑玉さん訪問。

8月

1(日)
2(月)　国連からテントを提供するので敷地内の隅に行ってほしいと言われる。カザンキラン、疲労がたたり入院。
3(火)　ブルキッチ・ファミリー参加。
4(水)　衆議院院内集会　各国からやってきた難民集まる。
5(木)　カザンキラン、無理に退院。
6(金)
7(土)
8(日)
9(月)
10(火)
11(水)　国連からテントを提供される。
12(木)
13(金)　二家族&サポーター企画イベント「クルドと仲間になる日①」国連に署名提出。
14(土)
15(日)　「クルドと仲間になる日②」
16(月)
17(火)
18(水)　←法務省抗議行動について、サポーターの間で賛否両論、激しい議論になる。
19(木)

20(金) 小鳥参加。法務省抗議行動①署名提出。辛淑玉、福島議員出演の「おんな組」イベントにゼリハやエルダル招かれる。サポーター会議

21(土)

22(日)

23(月) 東京地裁前。ジャマル、再収容に対する訴え

24(火) 柱のポスターの件で二家族とUN側が喧嘩になり警察まで来る騒ぎになる。サフィエ、心労で倒れる。

25(水) 社会学者　渋谷望さん、入江公康さん訪問。ジャマル、UNとの面会の約束を座り込みを理由に拒否される。國場君の誕生日会を国連で祝う。

26(木)

27(金)

28(土) 井上かずお議員訪問

29(日) サポーター会議「クルド人難民二家族を支援する会」結成。

30(月)

31(火) ジャーナリスト志葉玲さん訪問

9月

1(水) メリイェムと子ども二人、入国管理局へ仮放免手続き。入管前抗議行動。その後、法務省抗議行動。

2(木)

3(金) エルダル裁判

4(土) 台風。ハティジェ、疲労がたたり入院。

5(日) 織田・浅野、法務大臣宅訪問。

6(月)

7(火)

8(水)

9(木) 抗議行動に対する通知、UNから張り出される。「敷地外への穏やかで速やかな撤退」を求められる。

10(金)

11(土) ワールドピースナウのイベントに二家族とサポーター参加。デュヤン・ブルキッチの誕生会。

12(日) ホテルフロラシオンで喜納昌吉議員を迎えてイベント。

13(月)

14(火) 法務省抗議行動。署名提出。サフィエの父、トルコで亡くなる。

15(水) ジャマルへ出頭命令の通知

16(木)

17(金)

18(土) サポーター会議。具体的な役割を決める。

19(日)

20(月)

21(火) ポスター、とうとうUN側、剥がしに来る。

22(水) ジャマル傷害罪(!?)で逮捕。座り込み終了。

第二章　支援の始まり

国連大学本部前の座り込み

私が最初にこの座り込みを知ったのはメーリングリストに投稿された、知人からのメールでした。私は以前から反戦運動に参加していたのですが、そこで知り合った人が、メーリングリストという、電子メールの配信システムを持っていたのです。メーリングリストの仕組みは、あらかじめ情報を共有するためのグループを作っておき、グループの一人がメールで情報を送ると、それがグループ全員に配信されるというものです。複数の人と情報共有をするためには非常に有効な手段です。

そのメーリングリストから、まず七月二十二日に第一報が来ました。さらに二十三日にまた同じようなメールが来ました。そのメールには、「青山通り国連大学本部正面玄関前に、クルドから来た方々が、難民の受け入れと、日本で暮らすための生きる権利を求めて座り込みデモをしています」と書いてありました。

ですが、私はそれまでクルド人や在日難民のことについてはあまり知らなかったので、そのときはよく理解できなかったのです。しかし、座り込みをしているということは、何か問題があるからしているわけで、しかも既に十日間以上も泊まり込み状態ということだったので、これはとにかくまず行ってみようと直感的に思い、現場に向かうことにしました。

二十四日の深夜一時頃、国連大学前の正面玄関に着くと、確かにそこにはクルドの人々が眠っていました。皆、眠っていたので、することもなく、私も少し離れたところで寝ることにしたのです。しばらくすると、一人の少女が目を覚まし、驚いた様子でこちらを見ていました。そして、しっかりとした日本語で話したので、驚きました。さらに、そのお姉さんも起きてきて話に加わり、いろいろと話をしてくれました。

トルコでのクルド人に対する差別、迫害、そして避難民として日本に来たが、この日本という国でも人権が保障されないため、苦しい状況に置かれていることなどを説明してくれました。クルド人は、中東・トルコで猛烈な迫害を受けた民族で、現在も安全とは言えず、カザンキランさん、ドーガンさんはクルドの自由や独立を求めて、デモなどの運動に参加したため、トルコ政府から狙われ、ここ日本に避難民として逃げ延びてきたというのです。そしてこの日本に来て安全に暮らせると思いきや、人権が保障されず、苦しい状況を強いられているということを知りました。

どこへ行っても迫害され続けているように感じ、なんて辛い運命を背負った民族なのだろうと思いました。特に日本という国によって、避難民が苦しい状況に置かれているのは、日本人の責任問題であり、誰でもなく、日本人が知らねばならないことです。だから、今回のことで知ることができたのは幸いだったとおもいます。

ジャマル・サーベリ（ノーイ・ジャラル・アマンザデ）36 歳

7月 20 日から座り込みに合流した、イラン人青年。自らも難民申請中である。

1990 年から日本に住んでいるため、日本語が非常に堪能である。

いつも笑顔で朗らかだが、一方で、牛久収容所において、収容者を組織し、待遇改善の声明を出したり、入管のイラン大使館への収容者リスト引き渡しを告発したりと、日本の法務省・入国管理局の非道と、イランの神権政治を糾弾し続ける生粋の活動家である。

家族総出の座り込み

その場ですべてを理解できたわけではありませんが、子どもを含めて家族総出で座り込みをしているという現状、そして、このときまでカザンキランさんとドーガンさんは、ハンガーストライキをやっていたので、これは緊急事態だ、なんとかしなければと思いました。とにかく、まず思い立ったのが、このことを多くの人に知らせようということでした。一旦、家に戻り、自分が参加している複数のメーリングリストにメールを送りました。全く初めての人からの電話も来ました。そして私はすぐにまた国連大学前に向かいました。メーリングリストでいろいろなところにメールを送ったのが功を奏したのか、だんだんと人が集まり始めました。前からの知り合いもいれば、初めて知り合う人もいます。どうすればいいのか分からないのですが、とにかく皆で話し合いました。

ほどなく、イラン人難民ジャマル・サーベリさんも情報を得て駆けつけてくれました。彼は、自分も難民として厳しい状況にあるにもかかわらず、二家族のことを助けようと、精力的にチラシ配りをしたり、他の人に連絡したりしてくれました。その献身的な姿には心を打たれました。やがて私は、経済的な理由などもあり、国連大学前で泊まり込むことにしたのです。

それからは本当にいろいろなことがありました。知人のつながりで喜納昌吉議員と連絡が取れ、チラシを渡した次の日にすぐに話を聞きに駆けつけてくれました。その行動力には、感激しました。大学生も幾人か来ました。中には事態を知り、積極的に行動を起こす大学生もいました。私は、大学生の方にこの場で強調しておきたい。大学で勉強するより、現場に来るということが何よりの勉強だと思うし、文字や写真だけでなく、実際に自ら足を運んでほしいということを。知識だけ詰め込み、理屈はこねるが、何も行動しない役に立たない人間にはなって欲しくないのです。

座り込みの日々

私にとって国連大学前での生活は、むしろ快適でした。毎日、いろいろな人が集まり、いろいろな人と出会い、いろいろな話をしました。戦争、貧困、人権、環境、世界、民族、ホームレス問題、自殺問題、様々な社会問題や、その他にもいろいろな話を、夜遅くまで語り合ったものです。そして何より、クルドの人たちは皆、心が暖かい。国連大学前に来ると、常に優しく接してくれ、逆にこちらをサポートしてくれているのではないかと思ったほどです。家族の仲も良く、お互いよく信頼しあっているようでした。ジャマルさんも常に笑顔で明るい人でした。なぜ、この人達が苦しい目に合わなければならないのだろうかと思います。夜には誰一人、輪から外れることがないよう、必ず皆に声をかけ、そこにいるみんなで輪になって食事をします。最近、収容所からでてきたというイラン人の方と一緒に食事をしたときの「こんなにおいしい食事は、本当に久しぶりだ」という言葉が忘れられません。誕生日の人がいると皆で祝いました。私もその一人で、そんな賑やかな誕生会は、今まで初めてだったかもしれません。歌や踊りの大賑わいでした。

座り込みをしているときは何度か台風も来ました。日本人サポーターの小テントが吹き飛ばされたこともあり、また家族のテントも傾いて倒れかけたり、家族はハラハラして本当に眠れなかったそうです。台風の時は壮絶でした。

しかも真夏だったので、とても暑かったのです。朝になると

クルドの食事はテーブルは使わず敷物を敷きそれを囲む

日差しの暑さで目を覚まさせられました。特に猛暑の時は本当に大変で、あまりに暑くてストレスで限界に来ると、私は家に帰って休養をとりました。しかし、家族は家に帰らず、ずっと国連大学前にいたことを思うと本当に大変だったと思ます。現にカザンキランさんは体調を崩し、緊急入院しました。以前から入管の収容所で受けたストレスによる内臓系の疾患と、昔の交通事故によって、体はかなり弱っていました。そして、サフィエさんも体調がすぐれず横になっていると、突然痙攣《けいれん》を起こして入院したり、ハティジェも元から体が弱く、過度のストレスを受けたことによって、体を壊し入院したこともありました。

なぜ、これほどまでして彼らが座り込みをしなければならないのか、命をかけてまで訴え、座り込みをさせるものはなんなのか、同じ一人の人間として、深く考えなければならないと切に思います。

署名作成

カザンキラン家との出会い

私がカザンキラン家の人々を知ったのは、二〇〇三年の十月のことでした。子どもたちに高校の教育を受けさせたいと言って、アフメットさんとムスタファ君が訪ねてきたのが最初です。子どもが五人おり、できれば全員を高校に入れて日本語をマスターさせたいとのことでしたが、結局、次女のハティジェと三女のメルジャンが私の勤務する定時制に通うことになりました。最初にあった時から、彼らがトルコからのクルド難民であることは聞かされました。また、国連から正式に国際難民であると認められていると言われ、証明書も見せられました。その当時難民問題に疎《うと》かった私は（今もたいして詳しいわけではありませんが）、そのうち日本でも難民認定されるだろうと無邪気に信じていました。どうも様子がおかしいと思ったのは、月に一度、入国管理局の仮放免延長手続きがあった時のハティジェとメルジャンの様子からです。普段はニコニコしている二人の顔色が変わっているのです。特にハティジェが憤懣《ふんまん》やるかたないという表情で、いかに入管と政府のシステムがひどいかをまくしたてました。

正直に言って、その時の私は二人のよき理解者ではなかったと思います。日本にはそういう閉鎖的なところがあって自分も好きじゃない、などとあいづちを打つくらいでした。そういうことはよくないが、私に何とか出来ることではない——そのうちに何とかなるだろうと甘い見通しにすがりついていたのです。

六月でした。一家で群馬に転住するのでハティジェ・メルジャンの転校先を探して欲しいと言ってきたことがあります。群馬県教育委員会に連絡を取り、いくつかの定時制にあたりましたが、積極的に受け入れてくれそうな学校はありませんでした。両親とムスタファ君が来校し、話をしました。サフィエさんとゼリハさんの働いていたクリーニング店が潰れ、ムスタファ君はリストラされて、生活は追いつめられていました。群馬に行けば知り合いが仕事の世話もしてくれる。川口でこれ以上頑張るのは難しいとのことでした。何とか転入試験だけはやってくれるというところがあったので、その日程だけ事務的に伝えることも出来ました。合格するかどうかは二人の問題というわけです。

ですが、あえて正直に私は話しました。群馬県に転校するのは難しそうだということ、自分としてはこのまま二人にこの学校を卒業するまでいて欲しいこと、などです。アフメットさんは涙を流して、「生活は苦しいが何とか川口でもう少し頑張ってみる」と言ってくれました。二人はクラスにとっても私にとってもひじょうに大きな存在になっていたので、その時はただ嬉しかったのです。ですが、一家が追いつめられていることは変わっていません。ハティジェは喜んでいましたが、不安そうでもありました。私もこれでよかったのだろうかと不安でした。

とはいえ、その後一カ月ほどは何事もなく過ぎました。二人も屈託なく高校生活をエンジョイしているように見えました。その頃よくメルジャンが「この学校のみんなが大好きだから、このまま一緒にいたい。みんな卒業しないで四年間いて欲しい。メルジャンはみんなが四年間変わらなければいいね。」と言っていました。彼女は本当に突拍子のないことを突然言い出す子で、その時もみんなして大笑いしました。ですが今にして思うと、彼女も不安でたまらなかったのではないかと思います。このままの、ごく普通の暮らしが続いて欲しいだけなのに、それがやがて失われるのではないかと怯《おび》えていたように思えてなりません。

教え子が座り込みへ

七月の期末考査が終わった頃、二人が「十三日から一家でデモに行くのでしばらく休む」と言ってきました。その時は「終業式には来なさい」とだけ言いました。大規模なクルド人の集会に参加するだけだと思っていたのです。二人も詳しいことは言いませんでした。

デモの実態を知ったのは、二十日に二人が登校した時です。すごく日に焼けていたので事情を尋ねると、渋谷の国連大学前の構内にずっと泊まり込んでいると言います。トイレもシャワーもないけれど、こうなったら要求が実現するまで頑張るというのです。支持者も増えているとのこと。「川口と違って渋谷の人たちはやさしい。助けてくれるよ」との言葉に胸が痛みました。私も行くと言うと、「来なくても大丈夫だよ」と返事がかえってきます。実際彼女たちもこの時点ではデモがあそこまで長期化するとは思っていなかったようです。せいぜい十日か二週間でUNHCRが助けてくれると信じていたみたいです。「もうすぐ終わるから」の言葉に私も安堵《あんど》しましたが、「近いうちに訪ねていく」と約束だけはしました。

2000人ほどの人々が国連前を訪れた

結局、私が国連大学前を訪れたのは、二十三日になってからです。いろいろと雑用があって時間が過ぎてしまったのですが、今思えば大した用ではありません。まだまだ事の重大さに気づいていなかったのです。早く行ったからといってどうなるものでもありませんが、私を巻き込むまいとしてくれた彼女たちの気持ちが分からなかったことだけは、いまでも自分を許せません。

訪問してみて驚きました。知らない人が見たら外国人のホームレスだとしか思わないでしょう。構内に段ボールを敷いて、そこで寝泊まりしていたのです。自分たちのことが書いてあると言って、ジャパンタイムスの記事とその（誤字だらけの）翻訳をコピーして配っていました。大学生が何人か支援していましたが、支援体勢が整っているとはとても思えませんでした。何とかしなくてはいけないと思いました。

後に各種メディアでこのデモは報道され、さまざまなことを言う人もいます。しかし私がはじめて現地で思ったことは「ここまで追いつめられていたのか」という一点でした。追いつめられてどうしようもなくて、止むにやまれずとった行動に見えました。事実、父親であるアフメットさんは「お金の続く限り座り込んで、その後はハンガーストに入る」と言っていたのです。

署名活動を始める

正直な話、現場を見て「このデモはこのままでは潰《つぶ》される」と思いました。と同時に「ハンガーストに突入する事態だけは何としても避けたい」と思ったのです。ハティジェやメルジャンが飢えに苦しむ姿は絶対に見たくありませんでした。その日はまた来ることを約して分かれ、何ができるか真剣に考えました。知り合いの寺井さんに電話して意見を聞きました。彼女もすぐに反応し、いろいろなところに聞いてくれました。結局署名を作って集め、カンパを募ることしか考えつかなかったのですが、それだけは絶対にやり遂げようと決意しました。

三日間かかりましたが何とか署名用紙を作り、寺井さんに直してもらいました。日教組の法制局まで行って意見を聞いてくれたそうです。個人名では署名にならないので「クルド人の難民認定を支援する会」を作り、代表が私であるという形式にしました。カンパを集めるために口座を開こうとしましたが、団体名にすると規約を作ったりしなければならないので、個人名で郵便口座を開きました。

その頃のことはごちゃごちゃしていてはっきりした記憶がありません。とにかくやたらと焦《あせ》っていました。思い出そう

9月14日、法務省に署名コピー提出

としても何日に何があったか正確に思い出せません。ただ一つだけはっきりと覚えていることがあります。確か二十八日でしたが、署名用紙の草案を持って、寺井さんと国連大前に行きました。家族の人たちに読んでもらって、この内容でいいかどうか確認するためです。もちろん彼らには読めないので、寺井さんが読んでくれたのです。その時ハティジェがその原稿を欲しいと言い出しました。とても大切そうに胸に抱きしめて「この文章は今読めないけど私の宝物にする」と言ったのです。あんなに感動したことはありません。これからどんなことがあるか分からないが、これだけでもう十分に報われていると感じました。今もその思いは変わりません。

細かい修正が山のようにあり、結局署名を始めたのは八月になってからでした。実は後で問題になってくるのですが、牛久の「収容所問題を考える会」のほうでも別の署名用紙を作ってくれていました。結局二種類の署名を同時に集めることになってしまい、後に一本化しようとしましたが、両方ともすでにかなりの数が全国に出回っていたため不可能でした。ともあれ署名もでき、いくつかのメディアからも取材されたため、それらの記事を切り貼りしてチラシもできました。何とか運動の格好がついてきたのです。

そんな矢先、八月二日にアフメットさんが倒れました。ストレスと栄養失調のせいです。三日から私は日教組の全国図書館集会出席のため山形に行くことになっていましたが、三日の早朝に国連大前に見舞いに行き、その足で山形かみのやま温泉に向かいました。三日は集会のための対策委員会でしたが、夕食の席上で支援を訴え署名用紙を配りました。四日は参議院会館の中で難民救済のための院内集会があったので、かみのやま温泉からとんぼ返りして、集会後にまた山形まで戻ったりしました。

全国集会で公式に支援を訴えることはできませんでしたが、署名とカンパ袋を全国の仲間たちが回してくれ、出席者ほとんど全員の署名とかなりの額のカンパが集まりました。また私の所属している「埼玉高等学校教職員組合」も、話を聞くやすぐに署名用紙をＦＡＸで全分会に流してくれました。夏季休業中のため気づかなかった分会もありましたが、見てすぐに国連大前までとんでいき、家族を激励した組合員も複数います。実に多くの人に助けられました。感謝をいくらしても足りません。

外国人の座り込みというだけでもかなり目立ちましたが、幼児や高校生もその中にいるということで、この頃からマスコミ各

壁に座り込むクルドの家族。国連の看板の横には世界の難民を救う展示会の告知（04 年 9 月 22 日）

社も注目しだしました。おおむねは共感的な記事だったようにおもいます。しかし読売や産経などはまったく黙殺していましたし、小さな子どもたちもいて可哀想というお涙頂戴のニュアンスも強かったように思います。日本の難民政策の誤りを正面から取り上げたものは少なかったように思います。

幼児の参加ということで、渋谷の児童相談所も動き始めました。幼児虐待《ぎゃくたい》の恐れありということで、子どもたちを「保護」しようとしたのです。「今までどんなに助けてくれと言っても何もしてくれなかったのに、なぜこういう時だけ来るんですか」とエルダルさんが言ったところ帰ったそうです。けれどもその後も何回か様子を見に来たようでした。そのことを話すエルダルさんの顔には苦いものが漂っていました。

夏休み中は二日に一回は国連大学前に顔を出していました。一緒に泊まったこともありましたが、一晩泊まると二日くらい体が痛くてまいりました。これを何週間も続けているのかと思うと、何とかしたいという気持ちはいっそう募りました。

彼らを見捨てられない……

署名は順調に集まりました。テレビ等で報道されたこともあって、彼らに会うために渋谷に来る人たちも増えました。喜納昌吉議員や辛淑玉さんなどの著名人も訪れてくれました。

五〇〇〇筆ほどの署名が集まり、座り込み一カ月を迎えた八月十三日に、国連大学構内で「クルド人と仲間になる日」という集会が開かれました。この頃にはサポーターもかなり集まり、それぞれに支援活動をしながら横の連絡も出来つつあったのです。サポーターみんなで協力して行う初めてのイベントです。私も短いスピーチをしました。そして、UNHCRに五〇〇〇筆の署名のコピーを提出しました。

その後のことは他の方の文章に譲りますが、これだけは書いておきたいことがあります。十二月十日にそれまでに集まった六万三〇〇〇筆余の署名をもって、民主党議員の立ち会いの下に法務省との交渉を行ったのですが、交渉に行く前に署名を積み上げてみると、何とメルヴェの身長を超えていたのです。私の作った署名だけで五万筆を超えていました。胸に迫るものがありました。まさかその一月後に、カザンキラン家の二人が強制送還されるなどとは思っても見ませんでした。

蛇足《だそく》ながら、この運動を続けていく中で「あなたのような人が担任の先生でよかった」とよく言われました。誉《ほ》められて嬉しくないわけはないですが、ちょっと違うかなとも思います。少なくとも私の組合の仲間たちならたぶんみんなが同じ事をするだろうとおもいます。自分の生徒が理不尽な目にあって苦しんでいたら放ってはおけません。これは私の仲間だけではなく、教員なら誰でもそう思っているはずです。ただなかなか行動に移れないだけでしょう。

私たち教師も巨大なシステムの中でがんじがらめに縛られています。確実に教育界は歪められてきています。現に私が行動を起こすやいなや、川口市の教育委員会からさまざまな制約がつきました。支援活動はすべて勤務時間外に行うこと。勤務時間内ならば必ず年次休暇を取ること。教師としての立場を利用して支援活動を行わないこと….。結局すべてのみましたが、本当におかしな事だとおもいます。生徒が生命と人権を侵されている時に、それを救おうとすることが悪いのでしょうか？　誉めてくれとは言いません。（本当はそうして欲しいですが）市として支援してくれとも言いません。ただ邪魔はしないで欲しかった。私のとった行動が教員としての本分を外しているとは思えません。何もしないで彼らを見捨てる方がよっぽど教員失格だと思うのですが……。

とはいえ、私自身もそれまでは前向きではありませんでした。自分の目の前の世界を守ることだけを考えていました。組合員ではあるが、学校図書館の問題以外では権力と対決しても無駄だと思っていました。せめて自分だけはリベラルであろうとはしていましたが、社会を動かす力など自分にはないと考えていました。無力感をいつも感じていたのです。だから初めのうちハティジェとメルジャンの話を聞いても、深入りをするまいとしていました。

けれども、あのデモを見た時からそうはできなくなりました。ここで何もしなかったら、一生自分を許せないとわかったのです。だから署名を作りました。運動を続けていく中でイヤなこと・ツライこともたくさん経験しましたが、後悔はしていません。もう一度同じ状況に遭遇したら、また同じ行動をとるでしょう。どんなに相手が強大であっても、教員として、人間として許せないことがあります。そのことに気づかせてくれた二家族には本当に感謝しています。また、運動の中で個人の力は微力だが、けっして無力ではないことを実感しました。私のささやかな思いに共感して署名してくれた方が五万人もいるのです。その重さと暖かさを噛みしめて私はこれからも行動していきたいと思っています。この活動に協力してくれたすべての人たちに感謝しています。

column

立ち消えになった最初の支援会

八月二十九日に「クルド人難民二家族を支援する会」が国連大前に集まったサポーター達によって結成された。じつに座り込み開始から四十八日目にしてようやく彼らを支援する組織が誕生したわけだ。なぜ支援会が発足するまで四十八日も掛かってしまったのか、あらためて考えてみる。

最初に支援会発足の話が出たのは七月二十五日あの現場に常駐する初期メンバー、あだっちさん、あきこさん、織田さん、國場さん、Sさん、ムキンポさん、そして私が集まった日だった。その日、カザンキランさんから「署名活動をしたいので、牛久入管問題を考える会の田中さんに署名を制作してもらえるよう頼んでもらえないだろうか」との依頼があった。そこで田中さんに電話した。田中さんが言うには賛同団体を沢山入れたほうがいいということであった。皆に相談してみたところ、國場君が「それなら署名に載せるために現場で集まった仲間で支援会を作りませんか」と話が出て、「いいねー」と織田・あきこ・私の三人が言った。そこで、最初の支援会があきこ、織田、國場、浅野の四人で結成され、その後数名参加して七人になるも、あだっちとSさんの強い反対に合う。

七月二十九日、國場さんがkdサポートというメーリングリスト（ML）を立ち上げたが、この時もあだっちとSさんの二人が強く反対した。この二人は活動経験が長いのに対して、支援会を立ち上げたメンバーはまだ始めたばかりの素人。あだっちは以前MLを運営していたが、だいぶ痛い目にあって失敗した経験をもっていて國場さんにやめるように説得していたのだが、國場君は今回の場合はうまくいくのではないかと反論していた。（この論争はいまだに続いている……）

やはり、支援活動方針を決めるのは難しい。難民問題に精通した人たちが支援しても困難を極める異常な状態の現場で、ほとんどの人がこの問題にかかわったばかりのいわば素人。しかし今いるメンバーで何とかしなくてはならない厳しい状態で皆あせっていた。この時期は、とにかくこの事態を解決するために何か始めなくてはならないため、支援活動方針をめぐって夜を徹して議論を重ねていた。

そんな中、牛久の会の署名がまだ出来ていなかったため、座り込みと話し合いだけで時間が過ぎていく。状況を変えるために署名活動に早く取り掛かりたいとの声が高まって、私もいらだっていた。

七月二十九日、牛久の会の田中さんから署名用紙が完成したから取りに来るようにと連絡が入った。仕事が終わってから國場さんに「今日署名原版持って行くから」と電話し、田中さんの家に急いで取りに行った。田中さんは出来上がった署名用紙を私に渡す時に、今の国連大学前の状況がいかに危険な状況であるかの説明をしてくれた。だから、本当に気をつけて支援活動をするように言われる。この時にやはりかなり危険な活動を行っているのだなと、改めて気を引き締めた。しかし今現場でサポートしている仲間にどう伝えるべきか、それとも何も言わないでおくべきか、この後、ずーっと悩み続けることになる。

とりあえず、時間が二十一時を回っていたので、駅に向かうため急いで車を走らせたがハンドルが取られるような変な感じ、あれ、おかしいなと思い路肩に止まると、なんとタイヤがパンクしていた。なんとか修理できたので、ぎりぎり最終電車に飛び乗ることができ、どうにか無事に国連大前に着いた。

夜中、あだっちさん・國場さんの二人がいたが寝ているようだったので、カザンキランさんに署名を渡し、すみっこにダンボールを敷き寝転がって青山通りを眺める。

これからの活動は、いかにここに居る人たち（日本人を含む）が、安全に居られるかを最優先で考えなくてはいけない。そのために何が出来るのだろうか？　やはり、今はサポーターを増やしていくことに全てをかけるしかないな、特に夜間少人数では本当に怖い。あだっちやSさんもこのデモがやばい事を感じているみたいだ。ちゃんとした支援会が出来れば安定感も出るが、今は即席の支援会が出来たばかりで不安だ。仮眠を取り、朝仕事に行った。

　こんな感じで何日間かが過ぎた。結局メーリングリストは國場さんが自分の意見を押し通して残ったものの、結局、最初の二家族支援会は消滅。幻の支援会となってしまった。

（浅野）

第三章　ＵＮＨＣＲの限界と法務省の壁

七月十三日から始まった座り込みデモに対して、ＵＮＨＣＲの態度はやさしくはなかったけれども、少なくとも黙認してくれていました。やさしくなかったというのは、誰でも自由に入れるにも関わらずトイレの使用を許可しなかったり、メルヴェやメモシュが涼を求めて一階ロビーで遊ぶのを認めず追い出したりした事実をさしています。

冷たいＵＮＨＣＲ東京事務所

当初、黙認していたのはＵＮＨＣＲも座り込みが長期化するとは考えていなかったからでしょう。支援者も徐々に増え、座り込みが長期化するきざしをみて、それまで黙認に近い態度だったＵＮＨＣＲが座り込みを排除する方向に変わってきました。敷地内から立ち退くように言ってくるようになったのです。アフメットさんとエルダルさんが、インタビュールームで何度か代表のピルコ・コウルラ氏と話し合いを持ったと聞いています。しかし、二家族が座り込みを解除する状況は残念ながら生まれず、座り込みを続けざるをえませんでした。八月上旬、ＵＮＨＣＲは建物の入り口から離れたところにテントを建て、そちらに移るように言ってきました。ありがたく利用させてもらう一方、座り込み場所を少しだけ横にずらして、つまり少しだけ入り口から遠ざけて座り込みを続けました。

八月十七日付で、ＵＮＨＣＲ東京事務所は「庇護《ひご》希望者の抗議行動に関するＵＮＨＣＲのコメント」を発表し、庇護希望者および支援者に対して、国連大学敷地内から立ち退くよう勧告していくと宣言しています。徐々に排除姿勢を強めてきたのです。コメントには「庇護希望者たちが日本で難民としての地位を求めて、抗議行動を行っていて、ＵＮＨＣＲに援助を求めている。ＵＮＨＣＲは解決策を見出すために当局（日本政府か？）に働きかけている。ＵＮＨＣＲは正当な難民としての主張をする者は日本で保護を受けるべきであり、彼ら（二家族）の不満は理解しており、同情もよせている。しかし、抗議行動によって、一般の方のＵＮハウスへのアクセスが損なわれ、国連諸機関の業務に支障をきたしている」と書かれていました。

地面に張った横断幕に座り、抗議するクルド家族とジャマルさん（04年9月22日）

日本政府に難民認定をするように働きかけているのは嘘ではないでしょうが、二家族の立場に立って、またＵＮＨＣＲの役割・難民を保護しようという立場で強く日本政府に働きかけているようには私たちには思えませんでした。テントは貸してくれましたが、二家族を守るという姿勢は希薄であり、コメントにもあるように早くデモを止めて欲しいという姿勢ばかりが見えました。

難民認定を日本政府に認められていない二家族の法的立場は、仮放免ということになります。本来なら牛久か品川にある収容所に収監されるところを、保釈金を払って収監を免れている状態です。私は、彼らと知り合って初めて、「仮放免」「保証金」「旅行許可」なる制度を知りました。「なんだこれは。日本政府は何やってるんだ」と思うほどひどい制度です。収容所に収容されると、弁護士と連絡を取り、場合によっては彼らのように、保証金を積んで出られるケースがあります。保証金の額もどんな基準になっているのかさっぱりわからず、人によって様々で、五〇〇〇万円と言われたが弁護士と交渉して一〇〇〇万円になったとか、そんな話がゴロゴロあります。ちなみにカザンキラン一家は親が一〇〇〇万円で子どもたちが五〇〇万円ずつだと聞いています。そのお金を入局管理局に払わないと収容されたままになるのです。

自分の国に居たくてもいられず、庇護を求めてきた難民を強制収容し、さもなければ、多くの場合お金を持たない人々から、何百万単位のお金を保証金として出させる国が日本なのです。

日本は檻のない牢屋

「仮放免」で収容を免れても、住まいがある都道府県から一歩でも出るときは、入管局に届けて許可をもらわなければならないことになっています。カザンキラン家は働くことも禁止されており、お金を得ることができません。したがって、食糧や安全な避難所もなく、家族はそれぞれ病気にかかっ

ているにもかかわらず、医療も保障されていません。生きる権利や自由はないに等しい状況です。アフメットさんは、

「強制収容所にこそ入れられていないが、檻のない牢屋に入れられているのと同じだ」

と言います。

ＵＮＨＣＲは「庇護《ひご》の保障」ということで「難民受け入れ国が保護の必要がある人々に庇護を保障しない場合、ＵＮＨＣＲは難民の安全と権利を保障しなければなりません」とうたっています。

カザンキラン家は国連からマンデートを受けています。ならば、当然、「安全と権利」をＵＮＨＣＲは保障しなければなりません。

しかし、事実は、ＵＮＨＣＲは国連大学敷地内から二家族を追い出し、その後十分な保障はしていません。

炎天下の国連前に座るサフィエさん

column

クルド人難民二家族を支援する会結成

国連大学前ではいろいろなことが起こっていた。あだっちと並んで数少ない経験者だったSさんも、サポーター同士の支援方針の違いから国連大学前を去っていった。

Sさんがいなくなった現場は、なんか今までと違う雰囲気。彼は威勢のいい人だったので静かになったと感じた。まだサポーターが少ない時期、現場に常駐して寝泊まりしていた彼が居なくなったのは痛手だった。今まで組織のことなどで激しいやり取りが続いていたのだが、彼が居なくなったのをきっかけに一応この組織問題は収束し、これからは個人個人で支援活動をすることになった。

つまり自分なりにやる事を決めての活動をするわけなのだが、何かうまく回らない。たとえば、現場の掃除や後片付け、署名活動の指揮を誰がとるかなどは毎日のようにもめていた。また、集会や活動の企画をたてても話が全然まとまらない、といった具合で頭が痛くなった。先を見越した支援もできず、その場しのぎといった印象。私もそうだった。その状況を打開するには、やはり皆で勉強をして、冷静な判断、先を見据えた行動をとれるようになるしかない。とりあえず行動しなきゃ……。

ある休日のこと。私はいつも通り国連大前に支援活動をするため来ていた。その日は珍しく雨だったので署名集めもできない。皆ゴロゴロしていたので、勉強するチャンスだと思い、皆で勉強するために入管難民法と人権法の本を買ってくる事にした。

「俺、これから国際法と入管法の本買ってくるから」と言ったら、その場に居たあきこさんが「じゃ、わたしも一緒に行く」と言ってくれたので、一緒に渋谷駅方面に向かうことにする。ブックファーストにて、入管法と人権法の品定めをしながら二人ともその場で読み始める。そして、しばらく立ち読みをしていくうちに、入管法と国際法のギャップに二人とも声を上げる。

「なんだこれは。日本は難民条約に則って入管法を作ってあるんじゃないの？」

日本の法律は国際法を無視した作りになっているのだが、難民条約に則っているように巧みにごまかしていると感じた。これじゃもめるはずだ。難民を受け入れる気が無いのに難民条約に加盟している。いろいろな人の話で入管法がひどいとは聞いていたが、改めて怒りがこみ上げてきた。でもこれではＵＮＨＣＲが難民と認めて支援をしてもやはりだめじゃないか。「どうすればいいのだろう？　なんで国連前で抗議活動をしているの？　意味があるのだろうか？」などと、あきこさんと話をした。その頃の私は、まだあの場で抗議行動をした彼らの狙いがわかっていなかったため、「まぁ、とにかくやるしかないんじゃないの？　まず出来る事からやるしかないよね」などと話をしながら本を買い国連大前に戻った。

その時に購入した本は、私が読み終えてから、後に訪れるであろうサポーターのためにサポーターエリアの机に置かれた。

その後も現場リーダー不在のまま個人個人でのサポート体制がとられていて、現場にまとまりがなかった。皆が疲れ始めていた時に救世主的な岡本ファミリーがサポーターに加わってくれた。神奈川県から来た母父娘の三人で、母はリーダーシップがあり、パパさんは知識も豊富で状況を冷静に判断してくれる。娘も頭のいい子だ。この家族の登場で、やっと現場がまとまって来たし、頼りにできる人が現場に居てくれるという安心感もようやく生まれた。

その他にもいろいろな人が現場を訪れてくるようになった。クルド難民弁護団の大橋先生や、難民支援協会とアムネスティー・インターナショナルのスタッフも足繁く現場に通ってきた。その他にも、ジャマル支援会から伊藤さん・津村さん、人権問題で長年活動されてきた富永さん、凄い行動力のある加奈子さん、国際法を勉強している学生さん等々、次々と頼りになる人たちが現場に合流してきた。彼らの話を聞いて、この抗議行動の目的や世界情勢・法律・日本の難民受け入れ体制の詳細・難民高等弁務官事務所のこと・彼等二家族とジャマルさんの難民認定を争った過程などがやっと見えてきた。

その流れの中、自然と支援会組織化論が復活する。国連大前で、支援会を結成するための話し合いの場が設けられた。國場君が「皆で話しましょうよ」と言ったので、端っこの方にビニールシートを引き、輪を作って座った。

この時は組織を作るか作らないかではなく、どう組織を作るのかを話す会合になっていた。組織化することに反対していたあだっちが今晩はきていないので、ちょっと不安だった。岡本母が仕切ってくれたおかげで比較的スムーズに会議が進行した結果、大体の骨組みをその場で決めることができた。組織の話に関してうまく話し合えるのは、以前では考えられないことだった。今回はうまくいくかも知れないなと、この時思った。

そして、國場さんのセッティングで、八月二十九日にようやく「クルド人難民二家族を支援する会」を結成するための会議を開くことになった。

二十九日当日、國場さんが呼びかけてくれたおかげで沢山のサポーターが集合してクルディスタンキャンプの中(テント)で話し合いが開始された。加奈子さんが積極的に話を進めていった。カザンキランさんをトップに、その下に事務局長を中心とした事務局を作ることになる。事務局長には加奈子さんが立候補した。行動力もあるしリーダーシップもある人だが、国連大前の経験がまだ少なかったため、慎重論がでた。私もその時、「皆の意見を聞いてちゃんと決めないとだめですよ」と言った。そうは言ったものの、今の状況では加奈子さんがリーダーとして適任だと心の中では思っていた。国連大前は彼女の行動力が必要な時期だったのだ。しかし、今までずーっと常駐して頑張っていた國場さんや織田さん、それから冷静な判断ができる岡本ファミリーもはずしたくなかった。そこで、事務局長が加奈子さんで、現場の責任者として初期支援者代表と言うかんじで私は國場さんを推薦した。責任者が二人になるので加奈子さんはとまどっていたが、結局現場に常駐している人が情報を知らなければならないと納得してくれたようだった。さらにインターネットの管理者としてフライパンさんが事務局入りして三人体制になった。

事務局メンバーが決まり、座り込み開始から四十八日目にして、ついにクルド人難民二家族を支援する会が誕生したのだ。

何もしないでただ日々を送っていればあっという間に過ぎたのだろうけど、この四十八日間は本当に長く感じた。この後、誰が責任者なのかはっきりしない体制につい不安を感じていた。その危惧《きぐ》は不幸にも当たってしまい、事務局がうまく機能せず改善を迫られることになった。その頃、いつも現場にいるサポーターが夜、ジャマルさんを交えて話をしていた時のことだ。加奈子さんにジャマルさんが話し出した。「ここに居る織田さんたちは最初の大変な時期に本当に苦労したんだよ」と話すと、加奈子さんも真剣に聞いていた。

数日後、改めて「クルド人難民二家族を支援する会」のメンバーを決める会議が開催される。

(浅野)

ＵＮＨＣＲの限界

八月二十四日の火曜日、張り紙の強制撤去に職員がきました。十一時半頃、二家族が食事をしていると、ＵＮＨＣＲ東京事務所の代表であるピルコ・コウラル氏が来て、「五分以内にここを立ち退き、張り紙もはがしなさい。聞かなければ警察を呼びます」と言って、二家族や支援者たちと激しい言い合いになりました。警察もきました。携帯に、「ＵＮＨＣＲが座り込みを強制排除しようとしている。国連大学前に来られる人はすぐに来てくれ」という内容のメールが届きました。仕事の関係で直ぐには動けなかったが、社民党福島瑞穂事務所と民主党神本美恵子事務所に電話し、事情を話し、最悪の事態になったら連絡するので、ＵＮＨＣＲに圧力をかけて欲しい旨連絡して国連大学前に駆けつけました。

私が着いたときは沈静化していましたが、夜になって、ＵＮＨＣＲから話し合いを申し入れてきました。アフメットさんとエルダルさんは、自分たちはもう話すことはない。サポーターと話して欲しいということで、アフメットさんの指名で、私と東さんが代表でＵＮＨＣＲと話し合うことになりました。

インタビュールームと称する場所で話し合いは行われました。強烈に印象に残っているのは、その「インタビュールーム」です。倉庫のようなところの奥にあり、二畳分しかないような狭い部屋で、ＵＮＨＣＲの代表と通訳、そして私と東さんと私たち側の通訳五人が入っていっぱいになる狭さです。

しかも、彼らと私たちの間はしきられており、間に透明で穴の空いたボードがあり、それ越しに話し合うのです。犯罪者になった気分でした。私たちは奥側に座らされ、何かあっても逃げられない側に置かれての話し合いです。

ＵＮＨＣＲの主張は、「われわれは、日本政府に対して彼らを難民として認定するようにアドバイスしている。しかし、決めるのは日本政府であり、われわれには権限がない。両家族の立場や主張は理解しており、同情している。表現の自由も認めるので、デモもいい。しかし、彼らが座り込みをしているのは、ビルの玄関であり、つまり、国連大学ビルの顔であり、来客に対しても困るので、場所を移動してくれ」という主旨でした。私たちは、日本政府に難民として認めるようアドバイスしてくれているのを感謝しつつ、今回の行動はやむにやまれぬものであると両家族の立場を説明し、「真夏の暑い中での座り込みであり、日差しがさえぎられ、少しはビル内の冷房の影響を受けられる玄関前が最適な場所である。幼い子どももおり炎天下に座り込むのは無理がある。テントの中は暑くて寝られたものではない。国連に助けを求めている彼らを見捨てないで欲しい」など訴えました。

その時は強制排除されず、その後一カ月近くはデモを続けることができました。

わかっていたことですが、ＵＮＨＣＲと話し合って、ＵＮＨＣＲの限界もはっきりと自覚しました。彼らは日本政府に対してアドバイスする立場にしかないということです。日本の難民政策を変えて、ＵＮＨＣＲのアドバイスを尊重する国にしていくしかないのです。そのことは、国連大学前を自主退去したあと、十二月に、ＵＮＨＣＲと支援者が正式に話しあった時、さらに確信しました。

column

法務大臣邸訪問

このクルド二家族の為に何が出来るだろう……。

私はずっと悩んでいた。ＭＬでこの座り込みを知り、自分も人助けをしたいという気持ちが先行して、毎晩仕事が終わった後国連大前に通いつめたが、いい加減それだけじゃ駄目だろう。焦りは日に日に募っていった。私にはボランティアも平和運動の経験も無い。ましてや日本の難民問題なんて素人じゃなくても難しすぎるよ。とりあえずやっている事といえば、カザンキランさんの肩揉みとか、子ども達と遊んであげたりとか、署名集め……。焦ったって仕方がないもしれないけど、この状況を少しでも早く何とかしたかった。いつまでも先の見えない座り込みを続けていける訳がないし、二家族の身体はどんどん弱っていく。すでにカザンキランさんとサフィエママは倒れて病院に運ばれた。早く何かしなきゃ。自分の出来ること、特技はなんだっけ？　そういえば昔、私はバリバリの営業マンで、飛び込みで契約をとるなんて事は得意中の得意だった。それを何とか生かせないだろうか？　でも「飛び込む」ったって何処へ？　法務省？　法務省に交渉しに行ってもトップに会える訳じゃないし、下っ端と話したってしょうがないよ。そうだ、てっとり早く権限のある人に会って話がしたい。権限のある人、それは「法務大臣！」。よし、法務大臣に直接会って話を聞いてもらうんだ。でも直接会うにはどうしたらいいだろう。やっぱり「自宅」しかない。さっそく皆にこのとんでもないアイディアを聞いてもらう。二家族は喜んで「是非行って私達の事を伝えて欲しい」と言った。でも、サポーターの何人かからは反対にあった。それは危険過ぎると言われた。「何で危ないの？　人のお宅にピンポン押すだけだよ、会ってくれなかったら引き返すよ」私はこのアイディアを曲げる気は一切なかった。こんな何の進展もなくストレスだけ溜まっていく毎日なんてうんざりだよ。決定的に行く意志を固めたのは、ハティジェが倒れた時の事だった。もう行くしかない、誰が反対しようが私一人でも行く。決行日はハティジェの倒れた次の日、九月五日と勝手に決めた。その事を皆に告げると浅野さんが自分もついて行くと言い出した。一人じゃ危ないと案じてくれたらしい。

当日、私はスーツで行く事にした。メリイェム出頭日の時もそうだったが、こういう時はスーツを着ていた方が警察や権力側から怪しく見られないで済む（やっている事は十分怪しいかもしれないけどね）。さて、いよいよ出陣。浅野さんと法務大臣宅のある最寄り駅で待ち合わせをして、いざ目的地へ。「あれ、おかしいなあ……？」住所は合っているはずなのに、それらしい建物が見つからない。法務大臣なんだから大きなお屋敷に違いないと、同じ場所を何度もうろうろして探すがどうしても見つからない。そのかわり古びたマンションのような団地のような建物がある。まさか……。そのマンションには二つ入り口があり、私達から反対側にある門の前に警察が一人立っている。じゃあ、もしかしたらここなのかしら？　どうやらお屋敷ではなかったようだわ。

自分達側にある門には警察がいなかったので、じゃあ勝手に入っていいのね、と解釈し建物の中に入っていく。たくさんある郵便ポストを一つ一つチェックしていくと「あった！」確かに法務大臣の名前が！

いよいよ法務大臣宅のドアの前に立つ。緊張する。でも、あれこれ考えてもしょうがないのでいきなり呼び鈴を押してしまった。ピンポ〜ン「はい、どなたですか？」「えっと、私は国連大学前で座り込みをしているクルド家族を支援している者で、えっと、法務大臣に話を聞いてもらいたくって……」「今、出ます」え、マジで？

ドアが開いてラフな格好をしたおじいちゃんが出てきた。うわぁ、法務大臣が本当に出てきた。しかし、なんて目が鋭いんだろう。心臓が緊張でドキドキしてきた。その時、反対側の門に立っていた警察が私達に気づき、凄い勢いで走ってきた。「勝手に入っちゃ駄目だろう！」 え、そうだったの？ 警察の相手は浅野さんがしてくれて、その間に私は法務大臣と話をする。法務大臣はいきなり来たのだから少ししか話せないよ、と言うのでとにかく早口で用件を伝える。二家族が次々に倒れて、このままだと本当に危ないので、どうか助けて下さい、等。大臣は、「会議で話し合い、検討します」短い間ではあったけど、確かに大臣は私の話を聞いてくれた。あの法務大臣と話が出来たんだ。良かった。その後、警察に門まで連れて行かれ、ネチネチと嫌みったらしく怒られた末に、住所、生年月日などの取調べをシツコク受ける。（自分の不手際のクセに嫌な奴だ）と心の中では思いつつ、表向きはとりあえず謝っておく。ぐったり。

疲れた。本当に疲れた。帰りの電車では無口になってしまった。国連大に戻ると、皆が待ってました、とばかりに寄って来る。私が今日の事を細かく皆に説明すると、二家族は本当に喜んでくれた。最近暗かった雰囲気が久々に明るくなった。今日、私のやった行動が効果のあった事かどうかは解らない。まったく意味の無いことかもしれない。それでも、二家族が私の行動に対し喜んでくれ、希望を持ってくれた。法務大臣にしたらいい迷惑だったかもしれないけどね。あとで大臣に手紙を書いた。突然の訪問で申し訳なかった事と、話を聞いてくれた事の感謝をつづった。最後に「一度、国連大学まで遊びにきませんか。皆、おいしいクルド料理でおもてなししますよ」と書いた。来るわけないけど、せめて気持ちさえ伝わればそれでいいと思った。そして、また座り込みの日々は続く。

その後、法務大臣は替わった。

（織田）

第四章　メリイェムさん出頭

今日こそ写真を撮ろう！

そう思って、一眼レフを、あえてケースに入れないで持っていくことにした。一眼レフは大きいカメラなので、首から提げて見せていれば、「この人は、写真を撮るつもりなんだな」というのをさりげなくアピールすることができる。

八月二十日以来、毎日、差し入れのおにぎりを持って、私は国連大前に通っていた。カメラを持参していたこともあったが、いきなりレンズを向けることには、いつもためらいを感じていた。

彼らはテントに住んでいた。どんな人でも自由に通れる国連大前の広場で、テント暮らしをすること、それは、かなりプライバシーを犠牲にしているのではないかと思った。

彼らは見世物ではない。興味本位で撮って、友人に見せて、「こんな写真、撮れたよ！　見て！」なんていう、スナップ感覚の写真ではなく、現場の空気が伝わるようなものを撮りたいと思った。つまり、一見すると、まるでキャンプでもしているような、楽しい雰囲気の暮らしぶりに見える。しかし実際の「座り込み」は、難民問題というシリアスな背景を持って行なわれている、止むにやまれぬ行動である。楽しげな中にも、追い詰められた悲壮感を感じさせるような、そういう写真を撮りたかった。

私は、プロの写真家でも何でもなかった。また、こういった市民運動に参加するのはこれが初めてだった。ここで撮るべき写真は、今までに撮ってきたものとは、別のものになるだろうと漠然と感じていた。

おにぎりを届けに行った時、カザンキランさんから、「明日は、品川入管の前にみんなで行く予定があります。十時くらいに来て下さい。みんなで朝ごはん食べてから行きましょう。うちの奥さんのご飯は、おいしいですよ！」というお誘いを受けていた。

今までは、毎朝おにぎりを渡しに行っても、ほとんど話さないで、そそくさと帰ってきていた。なにを話せばいいのか、分からなかった。だが、今日は少しはお話できるだろうかと思った。そして、間近で、彼らの顔を撮らせてくれるかな、と期待していた。

十時三十分くらいに国連前に着くと、食事はもうすぐ終わりそうな感じだった。しかし、カザンキランさんは、私を見つけると、

「どうぞ座って食べて下さい！」と言って、輪の中に招き入れてくれた。

「ああ、これ、今日のおにぎりです」と言って、私はおにぎりを渡した。

食事の輪に入ると、黄色いピクニックシートの上には、フライドポテトや炒めたソーセージ、野菜炒め、ヨーグルト、オリーブ、食パン、紅茶などが並べられていた。お皿とフォークを渡してもらったが、クルドの人たちの食べ方を観察していると、食パンの上に、おかずを乗せて、挟んで食べてい

るようだった。だから、私もそれに倣《なら》うことにした。

食べながら首のカメラをそろそろと構え、「写真、撮ってもいいですか……?」と恐る恐る聞いてみた。

金髪の女の子（ゼリハという名前だった）が、「いいですよ」と快く言ってくれた。

嬉しさに緊張しながら、何枚か撮った。


食後のお茶を飲んでいると、小さな子どもを連れた、若い日本人の女性がやってきた。両手には、大きな袋を二つ提げていて、中にはきれいに畳まれた洗濯物が入っていた。

ゼリハが「ありがとうございます！」と言いながら、その洗濯物を受け取った。状況がよく分からなかったので、ゼリハに、「この服はなんですか?」と聞いた。すると「私たちの服

メリイェムさん出頭の日

を洗濯してくれたんです。とっても優しい人」と教えてくれた。

なるほど。テントで暮らしていたら、洗濯にも不自由するだろう。私も近所に住んでいるので、頼まれたら、お洗濯してあげたい、と思った。

入国管理局へ

ご飯の時間も終わり、クルドの家族は、出かける支度を始めていた。私は、ダンボールの上に座り、出発の時間を待った。

メルヴェがやってきて、私のカメラを、しげしげと眺めていた。撮って欲しいのかな、と思い、レンズを向けると、メルヴェは、うれしそうに色々なポーズを取ってくれた。活き活きとした瞳と仕草だった。私は嬉しくなって、次々とシャッターを切った。

写真を撮っていると、メルヴェは遠くから、何事かトルコ語らしき言葉で話しかけられた。メルヴェは、それにトルコ語で答えていた。そして、私の方に向き直り、私の手を握って、「今日、私とお母さんとメモシユ、イミグレーションに行かなくてはならないの」と、やや悲しそうな顔で、私に告げた。

イミグレーションというのは、入国管理局のことだ。私は、メルヴェの手を握り返して、「私も今日、イミグレーションに行きますよ。ずっとメルヴェと一緒にいるから」と答えた。メルヴェはうれしそうに微笑みながら、出かける準備をする為に、白いテントに駆けていった。

ダンボールの上に座りながら、出発の時間を待っていると、スーツ姿のきりりとした感じの女性がやってきた。スーツなどという改まったスタイルで国連大前を訪れる人なんて、とても珍しかった。だから私は「この人はきっと、弁護士だな」と思った。

若い弁護士風の女性は、私のところに来て「織田です。今日は私も一緒に行きますので、よろしくお願いします」と、丁寧に挨拶してくれた。

織田さんは、近くにメモシュがいるのを見つけると、そちらに歩いていった。しゃがんで、メモシュと同じ目線の高さになると、じっとその目を見つめ、ぎゅっとメモシュを慈しむように抱きしめた。「すごく温情派の弁護士さんなんだな」と私は思った。

十二時三十分頃、カザンキランさんが、白いテントの前で、スピーチを始めた。傍らには、メルヴェとメモシュを伴っていた。

「これから、品川の入国管理局に行き、メリイェムさんとこの子どもたち二人の、出頭を見守ります。みなさん、どうぞ付いてきてください」。二〇名余りのサポーター達、マスコミ関係者が付いていくことになった。

渋谷駅から山手線に乗った。クルドの家族を囲みながら、サポーターとカメラを担いだマスコミが、電車に乗っているその姿は、他の乗客の目をかなり引いているようだった。

その様子を見て、一人の若いサラリーマンが、私に話しかけてきた。「これは一体、なんの取材なの？」

私は、頭の中の少ない知識をかき集めながら答えた。

「えーと、彼らは、トルコから来た難民の人たちで、難民申請をしているんですけど、日本政府は全然認めてくれないんです。これから入国管理局に出頭しに行くので、その付き添いをしているんです」

「僕は、今、アメリカに住んでいるんだけどね。何で彼らは、日本なんかに来ちゃったの？」

その人は、難民のことについて、多少、知っている方のようだった。私は答えられずにもごもごしていると、別の日本人サポーターのWさんが、替わって説明してくれた。私は、きちんと答えられなくて、少し恥ずかしくなった。

品川駅の東口では、既に何人かのサポーターが、チラシをまいたり、署名を集めたりしていた。駅前からバスに乗り、入国管理局に向かった。

シュウヨウ、ヲ、ヤメロ！

入国管理局の前には、既にたくさんの人が、今日のデモの為に集まっていた。国連大前から付いてきた人も会わせると、サポーター、マスコミ合わせ、三〇人はいるだろうか。

多くの人々でざわめく中、十三時三十分ごろ、入管前の道路の街路樹に横断幕が掲げられ、そして、メガホンによる抗議活動が始まった。

「今から、メリイェム・ドーガンとその子どもが仮放免手続きのため、出頭する！　我々は、ここで、彼女の帰りを待つ！　入国管理局！　彼女と子どもたちを、必ず我々の元に返しなさい！」

声援のような抗議のような声を受けながら、メリイェムさんが、入管の中に入って行った。クルドの家族と、何人かのサポーター達は元気よく見送りながら、歓声を上げていた。私は、少々引き腰になっていた。

メガホンで、公共の建物の前で怒鳴り散らすなんて……！　平和的なボランティア活動として手伝うつもりだったのに、これは、ひょっとして、過激な集団と関わってしまったのだろうか……。

私の思いをよそに、メガホンでの抗議活動はどんどんヒートアップし、思ったとおり、入管の建物の中から、警備員や職員らしき人が様子を伺いに出てきた。

十四時過ぎ、誰か（おそらく入管の人）が通報したのか警察がやってきた。

「横断幕を木に結ぶのは違法だから、すぐに外してください！」と言った。すぐに支援者の誰かが叫んだ。

「結ばないで、手で持てば、問題ないぞ！」

横断幕は、木から外され、二人の支援者が手で吊り下げる形になった。その間も、メガホンでの抗議は休むことなく続けられた。

一台だったパトカーは、どんどん増えていった。警察官が何人もやってきて、

「歩道を塞ぐのをやめなさい！　いますぐ解散しなさい！」と注意を始めた。私は、関係者として逮捕されたらどうしようと内心ビクビクしていた。

「カメラを持っているから、報道関係者として見てくれないかな」などという考えも頭をかすめて

いた。

警察の人が私の方に近づいてきた。私は身を固くした。

「彼らは、何を騒いでいるの？　一体、何がしたいの？」と、困惑気味に私に尋ねてきた。

急に、説明を求められ、わたしは、再び、どぎまぎしてしまった。

「ええと、彼らは、今、青山の国連大学前で、座り込みデモというのをやっていて、暑い中、署名を集めたりして、ほんとにとっても、大変なんですよ！」

我ながら、下手くそな説明だと思った。いや、説明にすらなっていないと思った。見兼ねて、近くに居た白髪の日本人サポーター（岡本さんと言うそうだ）が、代わりに説明をしてくれた。

警察の人も、その説明を受けて、納得してくれたようだった。そして、

「なにがしたいのか、こちらにも分からないと、対処のしようがないんだよね。私は、以前は六本木の警察署に居たんだけど、外国人がほんとに多くてね。言葉が通じないと、彼らが何をして欲しいのかわからないから、こちらもほんとに困っちゃうんだよ」

と苦笑いしながら教えてくれた。

その時、外国人の女性がやってきて、「品川行きのバスはどれですか？」と聞いてきた。警察の人はきれいな英語で「あの、目の前のバスですよ」と親切に答えた。

警察の人も、話せば分かってくれるのだと思い、私は少し安心した。

メガホンの抗議はまだまだ続いた。

アフメット・カザンキランさん、エルダル・ドーガンさん、加奈子さん、スレイマンさん、そして、カザンキラン家の三姉妹。みんな、いつもの温和な雰囲気はどこへ行ってしまったのか、鬼のような形相と口調で、入国管理局と法務省に、抗議の声を上げている。

「この人たちと、一緒にいて大丈夫なんだろうか」私は再び不安になった。

三姉妹の真ん中の子、ハティジェさんが、マイクを取った。

「アリー！　シアミー！　大丈夫ー？　病気してないー？

聞いているー！　絶対にそこから出すからねー！

私たちを虫みたいに捕まえた入管たちー！　よく聞けよー！

法律を守れよー！

お前達がやっていることは、法律違反だー！　教えてやるから、よーく頭に入れろよー！」

しばらくしてから、入管の中から声が響いた。

メガホンでの抗議

「シュウヨウ、ヲ、ヤメロ！」


たどたどしい日本語だった。だが、その声は確かにそう言っていた。

私は、凄まじい衝撃を受けた。

「この中に、本当に外国の人が捕まえられていて、中で酷い目に遭わされているんだ！」

声は、何度も響いた。


「シュウヨウ、ヲ、ヤメロ！　シュウヨウ、ヲ、ヤメロ！」


それに応えて、ハティジェも何度も何度も、呼びかけた。

「しっかりねー！　絶対、すぐに出してあげるからねー！　諦めないでー！」

そして、今度は、かの弁護士風の女性がメガホンを取った。私は驚いた。まさか弁護士がメガホンで抗議までするなんて！

「この弁護士の人、温情だけじゃなくて熱血なんだ」

そう思って、どんなスピーチをするのか、全く興味津々だった。きっと理論で攻める、冷静なスピーチをしてくれるのだろう。

だが、予想に反して、スピーチはパワフルだった。とにかく声が大きい。そして力強かった。

「入管の奴らー、聞いているかー！　よく聞けー！

難民が人のものを盗んだかー！　人を殺したのかー！　人を傷つけたのかー！

それを、おまえ達は、捕まえてー！　部屋に閉じこめてー！　病気にさせてー！

迫害から逃げてきた人を苦しめてー！

おまえ達がしていることは、犯罪だー！

今、中にいるのは、私の大事な友達だー！　そして、子ども達のお母さんだー！

私の大事な友達を収容なんかしたら……、」

声を詰まらせながら、その人は続けた。


「私はおまえ達を絶対に許さないからなー！」

自然と拍手が沸き上がった。この人のスピーチは私の胸を強く打った。なぜなら、私が思っていたことを、実にストレートに表現してくれたからだ。

政府や警察に盾突きたいだとか、騒ぎを起こしていやがらせをしたいだとか、そんなことをしたいのではない。目の前で苦しんでいる人を助けたい。困っている友達を助けたい。私たちの思いは、ただそれだけだった。

私は、涙がこぼれそうになるのを隠すために、必死で拍手した。

しばらく小休止が入った。

待っている間は、手持ち無沙汰だった。昼下がりのアスファルトは、鉄板のように暑かった。黙って待っているのも辛かったので、周りに居たサポーターらしき人に話しかけてみることにした。同年代くらいの若い女性がいたので、話してみると、その人は、難民支援協会から来たインターンの人で、Eさんという方だった。

難民支援協会という組織があるということを、私はこの時初めて知った。Eさんは、

「難民の方の数が多くて、とても一人一人をフォローできないんです。うちの協会は、人数も少なくて、手一杯なんです。今日は、入管の前で抗議活動があるというので、来たんですけどね」

確かにEさんは、難民支援協会の人だが、特に二家族と顔見知りと言う訳ではなさそうだった。家族の誰とも挨拶するわけでもなく、私やマスコミの人たちと同じように、少し離れて、状況を見守っていた。私は難民のことを全く知らなかったので、Eさんからお話をいろいろ聞かせてもらうことにした。

ハンストだけはやめてね!

「ハンストだけはやめて欲しい!」Eさんは、強く言った。

「え、何故ですか?」

私は、ハンストというのは、ハンガーストライキのことで、カザンキランさんたちも、座り込みの開始直後はやっていたな、と思い出していた。無理がたたって入院したので今は止めていたようだが。

「ハンストして倒れたり、万が一、死んでしまうようなことがあったら、本当に大変なことになるんです。だから、難民の人に面会に行く時も、『ハンストだけはやめてね!』と言っているんですよ」

Eさんは、本当に深刻そうにそう言った。Eさんは、優しそうな人だったので、聞くのは恥ずかしかったけど、聞いてみることにした。

「えーと、すみません。何で難民の人はハンストをしたりするんですか? ただでさえ、収容所の中は環境が悪いのに、何でわざわざ、体に負担がかかるようなことをするんですか?」

Eさんは、特に馬鹿にしたりすることもなく、親切に教えてくれた。

「ハンストは、弱い立場の人がする、最後の抗議の方法なんです。自分の体を使って、『要求が通るまで食べない』と言って、相手に圧力をかけるんです。入管の中で、死者が出ると、やっぱり職員も困りますからね。当然、長期のハンストだと、体重がどんどん減るし、外見もやせ細ってくるから、それで、職員にプレッシャーをかけるんです」

「ああ、そうなんですか!」

私は、改めて自分の物の知らなさにあきれながらも、Eさんに感謝し、難民の人が置かれている状況の深刻さを、少しだけ知る事ができた。

十五時五十分ころ、メリイェムさんが、無事に出てきた。

クルドの家族やサポーター達が駆け寄って、出迎えた。その光景を、カメラマン達が、囲んで、感動の再会を写真に収めた。

メリイェムさんは、笑顔だったが、目にはうっすら涙が浮かんでいた。難民の人たちは、毎月、仮放免の延長の為に、入管に出頭しているという。仮放免が認められなければ、家族がいようと子どもがいようと、有無をいわせずその場で収容だ。難民の人達は、毎月毎月こんな思いをしながら暮らしているのかと思うと、胸が痛かった。

帰りのバスの中で、アワープラネットTVのKさんと一緒になった。この人も、国連大前から付いて来て、取材していた。Kさんは、インターネットテレビで流すための番組を作っていらっしゃるのだと言う。

「彼らのことを知ったのは、六月の難民サッカーの時からです。その時、うちの局で取材させてもらって、インターネットテレビで放送させてもらいました」

Kさんは、若いのになにやら博識そうだった。なので、昼間、電車の中で質問されて分からなかったことを、教えてもらうことにした。

「なんで、難民の人たちは、日本に来てしまったんでしょうかね？　日本がこんなに難民に冷たい国だと知らないで、来てしまうんですか？」

Kさんは、明快に答えてくれた。

「日本は、入国しやすいんですよ。トルコは、日本の友好国だから、観光ビザであれば、誰でも、審査なしで取れてしまう。だから、とりあえずは、三カ月の観光ビザで入っておいて、そのままオーバーステイ状態で、日本に居続けてしまうということです」

「ああ、なるほど！　そういう事情があったんですね！」

再度、自分の、ものの知らなさ加減に赤面しながらも、これから、同じ質問が来たら、きちんと答えられるぞ、と、少し嬉しかった。


私、なにか手伝うことありますか？


品川駅のホームで、二手に分かれた。

ジャマルさんの再収容を抗議する為に霞ヶ関の法務省に向かう人と、国連大前に戻る人だ。私は、長時間炎天下にいたため、だいぶ疲れていた。だから法務省には行かず、渋谷に戻ることにした。

渋谷に着くと、私は本屋さんに向かった。もっと彼らの座り込みのことや難民のことを知らなくては、と思った。とりあえず、彼らの記事が載ったという、週刊金曜日を買いに行くことにした。渋谷の大盛堂に行くと、隅の方に、週刊金曜日が置いてあった。

バックナンバーで探し出し、彼らの事が載っている記事を見つけ、その号をレジで購入した。自分がこういう雑誌を買うことになるとは思わなかった。レジの人に、怪訝《けげん》な目を向けられているような気がした。

国連大前に戻ると、彼らは、食事の支度をしていた。

署名台の方に行くと、いつもいるヒッピー姿の人が、携帯でメールを打っていた。品川入管の前で、抗議活動を見た後だったので、私は気分が高揚していた。なんか、もっと手伝わなくては！　と、やや勇み足的な気分になっていた。

ヒッピー姿の人に、「私、なにか手伝うことありますか⁉　私近所なので、しょっちゅうこれますけど！」と言った。

ヒッピー姿の人は、ゆっくりこちらに顔を向けながら、

「んー、じゃあ、朝とか夕方とか、人が通る時間に、ここに座っていてもらうと、署名集めている感じがするので、助かるんですけど……」と、抑揚なく、私に言った。

なんだか、テンション低い人だなぁ、と私は思い、やや気勢をそがれかけていた。

「他には？　今、なにかやることないんですか？」

「えー、あとは、氷かな。今日はまだ、氷を買いに行っていないから、クーラーボックスの中のものが、傷んじゃう……」

「じゃあ、買いに行きましょう！　どこですか、氷？　私行ってきますよ！」

「場所、分かりますか？」

「……分かりません。地図書いてもらえますか？」

「それは、いいですけど、僕はカンパのお金、持っていないので、エルダルさんから貰ってこないと」

「じゃあ、私カンパしますよ！　はい！」

「そう。じゃあ、僕が行ってきますから、ここに座っていてください」

ヒッピー姿の人は、折りたたみ式の、台車を引いて、骨董通りの方へ歩いていった。


署名台の後ろでは、メルヴェがちょこんと座って、夕ご飯を食べていた。

大人たちは、皆、白いテントの方にいて、何やら談笑している姿が遠目に見えた。メルヴェの周りでは、メモシュが車のおもちゃに乗って、走り回っていた。メルヴェは時折、メモシュの車に激突されて、迷惑そうな顔をしていたが、黙ってご飯を食べ続けていた。

このメルヴェという子は、我慢強いんだな、と私は思った。私は、健気な子には弱い方なので、メルヴェが寂しくないように（それからこの子ども達が誘拐されないように）、そばに付いていることにした。

ほどなくして、ヒッピー姿の人が、台車に氷を載せて戻ってきた。そして、「これ、領収書です。お釣はこれ」と言って、渡してくれた。

「ああ、お釣はカンパに使って下さって、構わないですよ。えーと、お名前教えて下さってもよろしいですか？」私がそういうと、

「じゃあ、この領収書に……」と言って、ヒッピー姿の人は「あだっち」と書き、メールアドレスも教えてくれた。

私も自分の名前とメールアドレスを、メモに書いて渡した。

「あだっち」

それは、確か、私が最初に家のポストで目にした、チラシに載っていた名前だった。

そのチラシには、

「とにかく来て下さい。大切なのは、知ることです。　日本人より」

と手書きで書いてあり、連絡先として、この「あだっち」さんのメールアドレスも手書きで書かれていた。あのチラシは、この人が配ったものだったのか。目の前の、この、いい感じに力が抜けている人が、私をここへ呼び寄せたのだと思った。

今のままなら死んでいても生きていてもかわらない

署名台に座り続けていると、一人の若い男性が、近づいてきた。

先日、『現代思想』という雑誌で、この座り込みについてインタビューしてくれた方で、お名前はIさんとおっしゃるそうだ。

「〈家族とは何か〉がテーマの号だったので、ここの、一家総出の座り込み活動も、取材することにしたんです。締め切り二日前くらいに取材の申込みが来たので、大急ぎで書いたんですよ」

と、優しそうな笑顔を向けながら、教えてくれた。

「今日のデモはどうだったんですか？　一緒に行かれたんでしょう？」と聞かれたので、

「ええ。品川入管まで行って来ました。入管の前でメガホンで、抗議していたら警察がたくさん来ちゃって。もうほんとに、びっくりしました。私、こういう、市民活動みたいなものに参加するのは、初めてだったんで、逮捕されるかと思って心臓が縮みそうでした」

Iさんは、笑いながら、

「僕も四月頃に、渋谷の宮下公園で、イラクの派兵反対デモに参加した事がありますよ。おじちゃんとかおばちゃんとかは、やっぱり、あんまり声を出さないで、ただ普通に並んで歩くだけしかしなくて、僕も最初はそうしてたけど、なんかそれじゃぁ、違うなぁ、と思って、途中から大声出しながら、歩きましたよ。結構ストレス発散になっていいんですよね！」

と、明るく話してくれた。朗らかな人だな、と私は思った。しばらくすると、Iさんは、「用事があるので、これで」といって、署名台を後にした。

気付くと、後ろにいたメルヴェは、取材に来ていた報道ステーションのYさんに遊んでもらっていた。

Yさんは、DVカメラで、メルヴェのビデオを撮ってあげると、すぐに再生して、液晶画面でメルヴェに見せてあげていた。メルヴェはそれを、興味津々に眺めていた。

私はYさんに話しかけてみた。

「今日は朝からずっといらっしゃいますよね。今夜は、こちらにお泊りになるんですか？」

テレビ局の人だから、気難しい人かなと思ったが、Yさんは気さくに答えてくれた。

「カザンキランさんの二人の娘さんが、川口の夜間高校に通っているんですが、今日が始業式ということで、別のスタッフが学校に取材に行っているんです。彼らが、戻ってくるまで、帰れないんですよ」

「ああ、そうだったんですか」

今度はYさんが、私に質問してくれた。

「朝に、あなたが作ったおにぎりを頂きましたよ。おいしかったです。ごちそうさま。毎日、持ってきていらっしゃるんですか?」

「そうですね。一日だけ来れなかった日があるんですけど、それ以外は、だいたい毎日作ってきています」

「新聞に、お風呂も近所の人に貸してもらっていると書いてありましたが、あれもあなたが?」

「いえ、あれは、別の方ですよ。うちも来てもらいたいとは思っているんですけど、うちの家族が何ていうかと思って、なかなか誘えないでいるんです」

「ああ、そうなんですか」

そろそろ日も暮れて来たので、私はおいとますることにした。

Yさんと、あだっちさんとメルヴェにお別れの挨拶をすると、夕闇に包まれてゆく国連大前広場を横切り、家路に着いた。

夜になってから、二家族のサポーター用のメーリングリストに、今日の入管出頭の感想を投稿することにした。

「本日は、皆様と一緒に初めて東京入管に参りましたが、皆さんがメガホンを使って、ひるまず入管や警察に抗議をする姿には、胸が熱くなる思いでした。

メガホンでの抗議をする合間に、カザンキランさんの十六歳のお嬢さんが、

「（抗議を続けても）私は、疲れないし、それに、死んだって構わない。だって、今のままなら、生きていても死んでいても変わらないから。今のまま、何年も収容され、仮放免され、数年経ったらまた収容される。そんな人生だったら、生きていても仕方がない。

十六歳で（抗議活動をするような）そういう選択をすることになってしまったけど、他にいろいろやりたいこともあったけど、そういう人生に生まれてしまったから、仕方がない」

そう話してくれたお嬢さんの言葉を聞いて、胸が詰まりそうです。

十六歳の女の子にこんな決意をさせる、日本のシステムは、本当に間違っていると思います。大したことはできませんが、これからもお力になれれば幸いと思います」

国連大学の近くに住む者

column

国連こそが「命をみつめよ」

この奇妙な光景は何だろう。場所は青山の国連大学本部ビル「UNハウス」前。そこの掲示スペースに二つの対照的な掲示物が同居している。一枚のパネルは「命をみつめて―世界の難民」写真展開催の案内。その隣りのワープロ打ちの二枚の貼り紙（英語による原文とその日本語対訳）は「国際連合 抗議行動に関する通知二〇〇四年九月八日」。

国際連合の通知には何と書いてあるか。

「以上の点を踏まえ国際連合は、国連ハウス敷地内において抗議行動を行っている方々へ、敷地外への穏やかで、速やかな撤退を勧告します。この要請に従って行動が行われない場合、遺憾ながら日本政府当局へ援助を求める以外、他に手段が

国連大学の掲示スペース

無いことをここに明記します」

国連は、一方で難民問題啓発のための写真展を大々的に開催しながら、その傍らで自身への庇護希望者に対しひっそりと肘鉄《ひじてつ》を食らわすような行動を示唆しているのだ。

この本を手にするような方がたにはもはや説明不要のことであろうが、クルド人難民二家族（カザンキラン家七人、ドーガン家五人、計一二人）は、日本政府に対し難民認定を求めて、七月十三日以来、二カ月以上、UNHCR事務所の入居する国連大学前で座り込みをつづけた（八月中旬からはイラン人難民ジャマル・サーベリさんが合流して、計一三人）。

そのジャマルさんに、九月二十一日午後一時、横浜入管へ出頭するよう命令が出された。出頭すれば間違いなく再収容である。九月十七日、ジャマルさんは、「難民としての相当程度の蓋然性《がいぜんせい》がある」と東京地裁に認められた。彼の収容は不当であり、二十一日を含めて、国連大学前での座り込みを継続する旨の声明を公表した。はたして日本の官憲は治外法権とされている国連の敷地内に踏み込んで、その強制力を行使するのか。

九月二十一日は、朝に多少のごたごたはあったものの、なんとか大過なく過ごすことができた。翌早朝が危ないということで、その日の夜は大勢の日本人サポーターが国連大学前に泊まり込んだ。

そして二十二日の朝を迎えた。早朝のうちは緊迫した雰囲気はまるでなかった。この日の午前中に大きな動きはないだろう、と見込み違いをしてしまい、僕を含む複数のサポーターが国連大学前から、一旦、引き上げた。直後、三〇名に及ぶ警察機動隊が消防車輌の影に隠れて国連大学の敷地内に侵入し、仕組まれた（国連&警備会社&警察&入管）ジャマルさん逮捕劇が強行された。

夕方になって再びたいへんな事態が出来した。夜七時までに「難民キャンプ」解体、全員退去の最後通牒《さいごつうちょう》を国連大学側から、突如、突きつけられたクルド人難民二家族一二名のうち数名がガソリンをかぶり焼身自殺をはかったのだ。

九月二十二日は、人権擁護機関としての国連（そしてＵＮＨＣＲ）の真価が問われた日であり、僕たちの人権意識が試された日だった。この日、国連大学の掲示スペースに貼ってあったパネルの言葉をもじって言えば、国連こそが「命をみつめよ」。座り込みの七十二日間を終えてそう思った。

（ムキンポ）

二家族とサポーターの集合写真

第五章　青山のクルディッシュ・ダンス

行き詰まり

九月十二日、ホテル・フロラシオン青山にて「日本の多文化共生をめざして」というイベントが開かれました。サブタイトルに「クルド難民問題を中心に」とあるように、二家族の訴えを中心にしたイベントでした。

このイベントを提案したのは私でした。そして、このイベントの背景には二家族の健康悪化問題と、デモの長期化・泥沼化を何とか回避したいというアムネスティ・ジャパンと難民支援協会の意志があったのです。

八月初旬、難民支援協会の事務所で、アムネスティのYさんとインターンの方、支援協会のIさんとNさん、そして私と寺井さんで集まり、話し合いを持ちました。アムネスティと支援協会は座り込みデモの初期から、自発的にデモを解除してUNHCRと話し合うよう二家族に勧めていました。しかし二家族はUNHCRからはっきりした回答があるまではデモをやめることは出来ないと解除を拒否していました。一時は二家族と両団体の間にかなり険悪なムードもあったようです。二家族の方で両団体を拒絶している感じでした。「何もしてくれないのに、ともかく家に帰れとしか言わない」というような意味のことを私も二家族からずいぶん聞かされました。

しかし、ここで断言しておきますが、アムネスティや支援協会が何もしていなかったということはありません。両団体ともUNHCRと二家族の間に立って、両者の接点を見つけようと必死に努力していました。しかし、UNHCRはデモを解除しない限り話し合いには応じられないという姿勢をだんだん強めており、二家族は前向きな回答が得られない限りデモを続けるという決意でしたから、どこまでいっても平行線です。間に立った両団体のスタッフは本当に辛い役目を受け持たされていたのです。その苦労は並大抵ではなかったと思います。

UNHCRはデモの解除がない限り何ひとつ約束できないと言うし、二家族は二家族で前向きな回答がない限り死んでもデモを続けると言い張るのですから、話し合いにも何にもならないのです。両団体とも、一方と話し合っては他方とまた話し合うという、気の遠くなるような努力を続けていました。

ただ、両団体ともどちらかといえばUNHCR側に立っていました。彼らには長年積み上げてきた難民支援のノウハウがあり、UNHCRと敵対するのは得策ではないと判断していたようです。

そして、その判断はその通りだと思いますが、二家族には従来のようなやり方では駄目だという思いもありました。だから暗黙のタブーを破り、顔と名前を公表し、メディアに訴えることで局面の打開をはかったわけです。また、二家族はメディアや大衆が移り気なことをよく知っていたように思います。今は座り込みデモを続けているからサポーターも集まり、メディアも取材に来る。けれども、中途半端なところで妥協したらすぐに忘れられてしまう……彼らはそう考えていたように思います。そして、その考えは残念ながら正しかったと言わざるを得ないでしょう。七十二日間という気の遠くなるような長期の座り込みと、あの衝撃的な結末をもってしてもメディアへの露出は減っていき、サポーターの中のかなりの数が離れていきました。けれども、それはずっと先のことです。時計の針を戻しましょう。

その頃、私と寺井さんは、難民認定を求める署名を作り、教員の集会や横のつながりを通じて署名を集めていました。私はハティジェとメルジャンの担任であり、寺井さんは私のクラスで教育実習をしたので、特にカザンキラン家とは親しかったのです。二家族と友好な関係にあって、影響力もあると見られたのでしょう。アムネスティと支援協会から連絡があって、話し合いをもったわけです。

席上、自分にはデモをやめさせる力はないとはっきり言いました。また、現段階ではデモをやめることは出来ないだろうとも言いました。理由は二つです。ひとつは従来のやり方では二家族が求めているものは得られないだろうということです。彼らにはもう「悪いようにはしない」という言葉は通用しません。今まで言うとおりにしてきたのに困窮は増すばかりだったのです。口約束ではなく、書面で示されねば彼らは納得しないだろうし、私が「まずデモの解除を」などと言い出せば、彼らはそれを裏切りととるだろうと話しました。

もう一点は経済的な問題でした。彼らは経済的にも心理的にも本当に追いつめられて、この行動に出たのです。デモをやめても生活の保障がない限り、状況ははじめる前と変わりません。家賃もずいぶん滞納しており、それだけでも何とかしないと一度は家に戻ってもまた追いつめられてしまうだろう……そう言ったのを覚えています。デモを続けていく限りある程度のカンパは集まるでしょう。それでもデモの生活費を捻出《ねんしゅつ》するのが精一杯でした。

けれども、早期にデモを終わらせたいのは出席者全員が一致して思っていました。その段階でもアフメットさんが倒れて入院しており、酷暑の続く中、二家族のほとんど全員が何らかの変調を訴えていました。彼らにこれ以上の無理を強いてはいけない。日本人が立ち上がらなければ難民問題が解決に向かうことはありません。日本人サポーター達の運動の高まりを見せない限り、デモの解除はあり得ないだろうと思えました。

難航したイベント準備

そこで考えたのが、このイベントだったわけです。デモ開始から二カ月の九月十二日に二〇〇人規模の集会を開き、それが大成功を収めれば、彼らも少し考えを変えるのではないか。参加費を取り、必要経費を除いた分を彼らに渡して滞納している家賃を払ってもらおう。定期的にこうしたイベントを開くことで、難民問題に日本人が真剣に取り組んでいる姿を見てもらおう。そう考えたわけです。

会場はどこかの大学を借り、ゲストに喜納昌吉議員と辛淑玉さんを呼ぼう。あまり堅苦しくならないよう、喜納さんに歌ってもらうコーナーと参加者全員でクルディッシュ・ダンスを踊るコーナーを設けよう。クルド難民弁護団事務局長の大橋毅弁護士にクルド難民問題をレクチャーしてもらおう。

もちろん二家族からの訴えとアピールははずせない。他の団体にも声をかけて、みんなが二家族のことを応援しているのを感じてもらおう……なんとなく全体の企画がまとまりました。私は二家族及び国連大前サポーター達との連絡を引き受けました。イベント以外のことについても話し合い、難民申請者に対するRHQ（アジア福祉教育財団難民事業本部）からの援助を得ることと生活保護を申請してみることも決まりました。こちらは難民支援協会が引き受け、イベントに呼ぶゲストへの連絡調整はアムネスティが受け持つことになりました。

最初のうちはうまくいきそうでした。H大学が会場に取れそうでしたし、二家族も出演を快く了承してくれました。辛淑玉さんはスケジュールが合わなかったようですが、喜納議員と大橋弁護士は出演OKでした。ただ一つ問題があったのは、アムネスティの方から参加を要請したクルド友好協会からいい返事がもらえなかったことです。

クルド友好協会というのは、埼玉県の蕨・川口に住むクルド人たちと支援者が中心となって結成した会です。クルド文化の紹介と、クルド人への支援を行っています。当時二家族とこの会は微妙な関係にありました。正式には二家族はこの会に入会していなかったようですが、協会に相談なくデモに突入したということで、二家族の行動を快く思わない人もかなりいたのです。

そのことについては両者に言い分があります。アフメットさんによれば、たくさんのクルド人に声をかけ、もっと多人数でデモに突入する予定だったが、そのことを知った友好協会の人たちが参加しないよう説得に走り、結局、二家族だけでデモをはじめたとのことです。事前にクルドの仲間たちとは何度も話し合ったのだから、何も相談していないというのはおかしいし、以前にも短期間の座り込みをしたこともあるので、なぜ協会の日本人がデモを中止しようとするのかわからないとのことでした。友好協会にしてみれば、難民にとって名前を公表するということはたいへん危険な行為であり、デモに参加する人と出来ない人との亀裂が生じてしまう。なぜみんなで出来ないのかというわけでしょう。

私には、正直なところどちらが正しいのか判断できません。ただ、このデモによってクルド人難民問題を知った人間が、私をはじめとして一杯いるという一事をもって、このデモの意義を認めています。

また話がそれました。イベントに話を戻しますが、雲行きが本格的に怪しくなってきたのは八月も終わろうとする頃でした。会場に予定していたH大学が工事のため使えないことがわかりました。安い公的施設は空いておらず、寺井さんがやっとフロラシオン青山を押さえましたが、予定よりも大分会場費がかかることになりました。喜納事務所からはＰＡ費として一〇万程度はどうしてもかかると言われました。家賃の足しどころか、赤字が出るのではないかという感じになってきました。

また八月の終わりに、国連大学前に集まったサポーター達で「クルド人難民二家族を支援する会」が結成されてはいましたが、サポーター間の横の連絡は密だとは言えませんでした。なかなかみんな時間が合わず、主に連絡はメーリングリスト（ＭＬ）で行っていました。さらにその上にこのイベントのためのＭＬが開かれたのですから、読むだけでもたいへんでした。私は携帯電話でＭＬに登録するという無謀なことをやっていたので特に大変でした。ある朝電源を入れると「二〇件の未読メールがあります」と表示され、頭を抱えたこともありました。実際、私のような古い人間からすると、MLというのは驚きでした。情報を共有できるのはいいけれど、あまりに共有しすぎなのではないかとも思えました。個人メールでやりとりすればいいことまでなぜMLで流すのかわけがわかりません。まあ、MLなしにはこの運動があり得なかったのも事実ですが。

イベント用MLではさまざまな意見が投稿され、プログラムさえなかなか決まりませんでした。当然パンフレットもチラシも作ることが出来ません。早く情宣しなければならないのに、どうなっているのか。誰かが提案すると、ここがまずいという意見が出てまた元に戻るという繰り返しでした。一〇〇人集めれば収支トントンになるのですが、それさえ危ない状況です。赤字になった場合は実行委員で頭割りにするというので、私も実行委員になりました。

夏休みが終わり、仕事がはじまると私もほとんど動けなくなってしまいました。開催までもう二週間を切っているのに、準備は進んでいません。一時は中止を提案しようかと真剣に考えました。最終的に開催にこぎつけられたのは、寺井さんの超人的努力に負うところが大きいと思います。

会場の手配からはじまり、いつの間にか喜納事務所との連絡まで受け持たされていた彼女は本当に苦労していました。喜納事務所は秘書のIさんが窓口になっていましたが、事務所ではクルド難民支援団体の大同団結を望んでいました。なぜそれが出来ないのかと彼女はさんざん責められたそうです。

友好協会からは九月に入って正式な断りの連絡が来ていました。また、実行委員会もうまく機能しているとはお世辞にも言えず、「多くのイベントに参加したが、ここまでお粗末な実行委員会ははじめてだ」とまで言われたそうです。彼女には本当に申し訳ないことをしました。言い出しっぺの私がほとんど何も出来ず、ただ事態の成り行きに困惑していただけなのですから、喜納事務所の言い分ももっともなのです。ただ、言い訳になりますが、アムネスティ・難民支援協会・二家族支援会がお互いに遠慮しているところがあり、どこが中心なのか・誰が責任者なのかさえはっきりしていなかったのです。難民支援協会のIさんと寺井さんが東奔西走してくれたおかげで何とか開催できたようなものです。

最終打ち合わせは、前日の十一日に国連大学前で行われました。喜納事務所のIさん・支援協会のIさん・二家族・二家族支援会のメンバーなど二〇名くらいで話し合いました。その時になって最終的な当日のプログラムが決まったのですから、本当にギリギリでした。十時頃打ち合わせが終わりましたが、その後で喜納事務所のIさんはクルド友好協会の人たちと話し合ったそうです。最後まで説得をしてくれたのです。その努力には頭が下がりますが、しかしそれは実を結びませんでした。

集会とクルディッシュ・ダンス

集会当日、国連大学前にサポーター達が集まりました。二家族と一緒に行こうというわけです。実はハティジェが一週間前に極度の貧血で倒れて三日ほど入院したため、彼女は留守番に残すつもりでした。けれども絶対行くと言い張ってききません。すでに目一杯化粧もキメています。結局言い負かされてしまいました。余談ですが、この日の女性陣はみんなきれいでした。普段は引っ詰め髪であまり恰好にこだわらないサフィエさんも髪を下ろしお化粧しています。メルヴェも真新しい服を着て、ご機嫌でした。

どのくらい集まるか不安だったのですが、何とか一〇〇名近い参加がありました。クルド友好協会の方たちがいないのは残念でしたが、全体に和やかな雰囲気です。イベントは二時にはじまりました。司会が前日の打ち合わせと変わっていたのでびっくりしましたが、アクシデントがあって急遽《きゅうきょ》立教大学院生の富永さんが引き受けてくれたとのこと。大学院生とはいっても、たぶん三〇代後半だと思える落ち着いた男性です。

二家族支援会のブルキッチ加奈子さんの挨拶からはじまり、大橋弁護士からの話、アフメットさん・エルダルさんの訴えとプログラムは進んでいきました。さらに喜納さんからの話があり、休憩を挟んで質問コーナーに入っていきます。申し訳ないのですが、実はその間にみんなが話したことをほとんど覚えていません。私は最後の挨拶をすることになっており、そのことで頭がいっぱいでした。五分間ということだったのですが、考えてきたこと全部をしゃべると十五分あっても足りないようなのです。何を話して、何を削るかばかり考えていました。

もう一つ気がかりだったのはハティジェの体調でした。冷房が効きすぎるというので弱くしてもらいましたが、それでもあまり具合がよくないようです。毛布を借りようとしたらないと言われ、私のジャケットを貸して着せました。メモシュはロビーで寝ていました。

喜納さんのステージがはじまりました。三線とキーボードだけの舞台ですが、やはり違いますね。

会場の雰囲気がどんどんヒートアップしていくのがわかります。「僕が表に出ると、その団体は終わるからね。民主党の党首になりたくないよ」などと冗談なのか本気なのかわからない口調で爆笑を誘いつつ、最後は「花」で締めてくれました。

さて、その後はお待ちかねのクルディッシュ・ダンスのコーナーです。会場にクルド音楽が鳴り響き、はじめは二家族と数人の日本人だけでしたが、ハティジェが、メルジャンが、どんどん参加者を引っ張り込んでいきます。私もしばらく逃げていましたが、あえなく捕獲され、こうなったらと他の参加者をこちらからひっぱりこんで行きました。それほど難しいステップではないものの、なにしろ横目でクルドの皆さんを見て真似しながらの踊りですから、どうしてもリズムに遅れます。妙なところに力が入るのでしょう。腰が痛くなりました。

ご機嫌だったのはクルドの皆さんだけでなく、喜納議員もノリノリでした。ダンスの後で「今度は、クルディッシュ・ダンスを踊る集いを是非やりましょう」などと言って、会場内から絶大な拍手をもらっていました。その次に閉会挨拶をやらねばならない私にとってはやりにくい展開です。

「どうも喜納さんの後ではやりにくくって……」とぼやきながら挨拶の場に立ちました。いざとなるとクソ度胸が出るというか、すらすら言葉が出てくるのが我ながら意外でした。会場の雰囲気もリラックスしているようで、もしかすると一番オイシイところを取ったのかもしれません。定時制高校の私のクラスにはたくさんの外国人がいて和気藹々《あいあい》と日常を楽しんでいること。今までも外国籍の生徒はいたがあまり多くなく、どこかみんなオドオドしていたこと。けれども今のクラスはハティジェ・

メルジャンを中心に外国からきた生徒も自己主張し、クラス内を何カ国もの言葉が飛び交っており、日本人生徒も外国人がいるのが当然だと受け止めています。これが本当の国際化であり、多文化が共生する将来の日本を先取りした姿ではないかと述べました。

しかしそこに至るまでに、日本は多くの問題を抱えており、難民問題についても二家族が行動してはじめて多くの日本人が知るところになったと述べました。これからは彼らからのバトンを日本人が受け継がねばならない。日本を変えられるのは日本人だけだと訴え、「我々一人一人の力は微力だけれど、決して無力ではない。署名もどんどん集まっていま す。今日はもっと多くの団体にも呼びかけましたが、さまざまな事情で参加できなかったところもあります。今回のイベントは最初の試みということで、次回からはぜひ小異を捨て大きな力になりましょう。日本を変える力を作りましょう。そのための努力を続けていくことを約

難民キャンプの前で

束して、閉会のあいさつとかえます」と結びました。拍手がわき、会計面の問題は残っていますがイベントとしてはなかなかのものだったと思いました。

その後は打ち上げと称して何軒もの居酒屋を巡り、最後は国連大学前で車座になって飲みました。不思議なことに、アフメットさん、エルダルさん、ジャマルさんと飲んだのはこれが初めてで、ジャマルさんに関してはこれが最後になってしまいました。それだけではなくサポーターの人たちともお酒を飲んだのはこれが初めてだったのです。気がかりだったイベントがひとまずは無事に終わった束の間の開放感がなせたことだったのでしょうか？　この十日後にあのようなことが起こるなどとは想像もつきませんでした。

column

難民は近所にいました

この日は朝から良いお天気だった。昨日までの、激しい雨はすっかり上がり、明るいお日様が外を照らしていた。会社は休みだった。家族は全員、出かけていた。私はあることを思い付き、急いで自宅の中を掃除することにした。あまり片付かなかったが、思い付いたアイデアを、早くクルドのみんなに話したくて、いそいそと国連大学前に向かった。

思いついたアイデア、それはクルドのみんなに、「うちのお風呂を使ってもらう」ということだった。昨日まであんなに天気が悪かったんだもの。きっとみんなもお風呂に入りたいはず。お風呂に入ってさっぱりしたら、たまには涼しいお部屋の中で、ゆっくり寛《くつろ》いでもらいたいな、と思った。

胸を弾ませながら、国連大学前に着いた私は、なんだか見慣れないものを見つけてしまった。ビニールプールが広場に広げられていた。最初は暑いから、メルヴェとメモシュが、水浴びでもしているのかと思った。しかし、メルヴェは、プールのふちに座って、うらめしそうに水面を見ていた。

近づいて見てみると、おびただしい量の洗濯物が、白い石鹸水の中に浮かんでいた。

「ゼ、ゼリハ、これ、どうするの？　どこに干すの？」

「んー、どうしようかなあ？　コインランドリーで乾かそうかな」

ゼリハは洗濯物の処遇について、あまり、深刻には考えていないようだった。

「小鳥さん、洗濯物、まだあるんだけど、少し小鳥さんの家で洗ってもらってもいいですか？」

「いいよ。どれくらいあるの？」

「これくらい」

と言って、服が詰まった巨大な紙袋を四つ持ってきた。四つ……。洗うのは全然いいのだけど、干すところがないので、

「とりあえず、今回は二つでいい？　また、洗うからね」

と言って二つで勘弁してもらった。なんだか、いいように使われてるような気もするけど、でも、逆にそれが嬉しかった。洗濯物の中には下着なんかも入っていた。そういうプライバシーに関するものも遠慮なく渡してくれたということは、少しは信頼されてるのかな？と思った。だから、ちょっと嬉しかったのだ。

なにやら、洗濯物に圧倒されてしまったが、お風呂に誘うことも忘れなかった。サフィエさんとメルヴェが

来る事になった。洗濯物の袋を持ち、二人を案内しながら、家に向かった。

メルヴェとサフィエさんは、一緒にお風呂に入った。メルヴェがまず先に出てきたので、居間で、髪の毛を乾かしてあげることにした。ドライヤーで乾かしていると、五歳のメルヴェの髪はカールしているのに、サラサラしていた。子どもならではの瑞々《みずみず》しさに溢れていると思った。メルヴェが髪の毛を結って欲しいと、ゴムを私に渡してきたので、結んであげることにした。不器用な私は、かなり下手に結ってしまったが、メルヴェは満足してくれたようだった。二人でテレビを見ながら、サフィエさんが出てくるのを待った。

サフィエさんが出てきた。髪をきれいに三つ編みにしていたので、わたしは、かわいいな、と思った。冷たい飲み物を出して、メルヴェと一緒に、居間でテレビを見てもらうことにした。テレビを見ながら、サフィエさんが言うには、

「トルコで住んでいた家は、ここよりずっと広くて、部屋が五つくらいあった。今住んでいる川口の家は、とても、狭くて落ち着かない」

と言っていた。それを聞いて、私は、きっと、トルコでは、豊かな暮らしをしていたんだろうな、と思った。多分サフィエさんは四十歳くらいだ。子どもを五人も産んで、旦那さんとは、長い間、離れ離れの生活。そして今では、国連大学前での、テント暮らし。一体、今、どんな思いでいるのだろう。

以前、カザンキランさんから、

「サフィエは本当はもっと、喋りたいことあるんですけど、日本語がうまく話せないので、ストレスが溜まっているんです」

と聞いた事がある。日本人と意思の疎通《そつう》がうまくできないのも、サフィエさんにとっては苦痛だろう。どうしたら、この目の前にいるお母さんを癒《いや》すことができるのかな、と私は切に思った。

月並みなことしか思い浮かばなかったけど、肩を揉《も》んであげることにした。サフィエさんは、最初は少し驚いて遠慮していたけど、でも、嫌がらないで揉ませてくれた。私の好意に対して気遣ってくれているようだった。私にはそれが、とても嬉しかった。

あまりそばに私がいると、寛げないかなと思い、

「ゆっくりしていってくださいね！」

と言って、私は、洗濯物を干したり、食器を洗ったりしていた。サフィエさんは、何度も、

「小鳥さん、手伝う？」と言いながら、見にきてくれた。

「いえいえ、たまには、ゆっくり休んでくださいよ！」

といって、丁重にお断りした。せめて家にいる少しの間くらいは、あの、非日常的な座り込みを忘れて、休んでもらいたかったのだ。

三〇〜四〇分くらいして、サフィエさんは、そろそろ帰ると言った。もう少し、ゆっくりしてもらいたかったけど、引き止めるわけにもいかないので、お見送りすることにした。私の家から、クルドから来た難民のお母さんと子どもが帰ってゆく。その姿は、とても現実離れして見えたが、紛《まぎ》れも無く、真実だった。

難民は、近所に居たのだ。

（小鳥）

中庭の水道が生活を支えていた

第六章　灼熱の七十二日間

二十一日、ジャマルさんの横浜入国管理局への出頭日が来てしまった。ジャマルさんの出頭拒否の意志は変わらない。この問題についてジャマル支援会の方では色々な論議がなされたようだ。結果、大半の支援者がジャマルさんの出頭拒否に反対だった。しかし、ジャマルさんの意志の固さに皆、頭を抱えていた。

だけど私はジャマルさんの意志を支持した。ジャマルさんはものすごく悩んで出した答えだろうし、実際何も悪いことをしていないジャマルさんが収容されるのはおかしいし、それに応じないのは間違ってはいないような気もした。それに収容されるのも、命の危険にさらされているのもジャマルさん本人なので、最後には本人の意見を尊重してあげたかった。何より私としては、たとえ一日でもジャマルさんが非人道的な入国管理局に収容されるなんて我慢ならなかった。

この日、私は朝から仕事だった。仕事中に國場君から電話が来た。こんな時はたいがい国連大学前でなんらかのトラブルが起きた時だと思い電話にでる。案の定、國場君の話によれば、二家族が国連大学ビルの柱に貼った「難民認定を」「私達は難民です。虫じゃありません」などを書いたポスターの前に、国連大学の警備員三〇人ほどが取り囲んで二家族を近づけないようにし、その間に国連大学ビルの清掃員がポスターを全て剥《はが》してしまった。怒った二家族は剥されたポスターを今度は国連大学の敷地内の地面に張り、また剥されまいとその上に座り込み、警備員との緊迫した状態がつづいたらしい。私はとにかく仕事が終わり次第すぐに行くと國場君に伝えた。ジャマルさんが今日出頭しないのなら明日が一番危ないのかもしれない、と思い、急遽、翌日の休暇をとった。

仕事が終わり国連大学に向かった。たどりついたころには二家族とサポーターの様子は少し落ち着いていた。しかし、なんだかやけに不自然に数々のポスターが国連大学の敷地内の地面に張られており、通行人にはかえって目を引いていた。まあ、二家族にとってはその方がいいのだろうけど。

警備員側は、今度壁に貼ったらポスターを回収すると言っていたそうだ。しかしカザンキランさんは深夜になればまた壁に張ってやると意気込んでいた。私は少し考えていた。これ以上、UNHCRと対立する事はもう危険なんじゃないだろうか。もっと何か和解できる方向は無いのだろうか……。だけど、その和解の方向が今の今まで見つからなかったのだ。UNHCRはこんなに目の前にあるっていうのに、私達との距離ははるか彼方にある。このままでいいんだろうか……。悩めば悩むほど訳がわからなくなる。

メーリングリストでジャマルさんの危険を聞きつけたサポーターが次々と集まってきた。入管が明日の朝にもジャマルさんを逮捕しに来るかもしれない。何が出来るかわからないけど、とにかく私やほとんどのサポーターが国連に泊り込む事になった。しかし、やはりサポーター達の何人かに共通の疑問が浮かび上がった。「ポスターをまた貼っていいんだろうか……?」

その晩、サポーター達は話し合った。ここで座り込みを持続していくためにも、少しは国連大学側の要求に応じる事も必要なんじゃないだろうか。一応、ここに座り込みさせてくれて水も使わせてくれている。法務省を敵に回しているのに、ＵＮＨＣＲまで敵に回しても勝ち目はないんじゃないか。日本人はほとんど保守的になっていた。そして、二家族にポスターをまた貼らないように説得をしようという話になった。

——結果、説得は無駄に終わった。二家族のポスターを貼る意志は少しも揺るがなかった。話し合いはかなり白熱したが、言葉の壁もあり私達の意志は思うように理解してもらえることはなかった。二家族の言い分としては、今まで権力に散々頭を下げてハイハイ言ってきたが何も良い事にならなかった。もう一歩も退きたくないと言う。そこでジャマル支援会の伊藤さんが、「織田さん達の言う事もわかります。しかし今となっては引くのがいいのか引かないのがいいのか、どっちが絶対大丈夫というのは解らないので、ここは二家族の意志に任せましょう」と言って話はまとまった。たしかに最後には二家族の意志を尊重しなければいけない。だけど、本当にいいんだろうか……。その夜、私はほとんど眠れなかった。明日はいったいどうなるんだろうか。なんだか嫌な気持ちでいっぱいだった。

ジャマルさん連行

とうとう朝がきた。九月も後半になるというのに、朝からなんて暑いんだろう。まだまだ真夏だよ。いったいこれから何が起きるというんだろう。それとも今日は何も悪いことは起きないのだろうか。

昨日は朝の八時頃ポスターを剥されたらしいけど、今日はその時間になっても特に警備員側の動きがない。なんとなく安心してしまったサポーター達は仕事もあることだしいったん引き上げるという。私と数人は残ったが、あっという間に人数が減ってしまった。とはいえ、特に危機感もなくなんとなく過ごしていた。

十時を過ぎた頃だった。とうとう国連側が動き出した。数十人の警備員が国連の建物からゾロゾロとでてきた。私達は急に血の気が引いた。よりによってこんなに人が手薄な時に……。

二家族やジャマルさんやサポーターは警備員のいる所に集まりだした。緊迫した空気が流れた。メリイエムが「朝日っ」とあせって私の名前を呼んだ。いつもの事だが子ども達を預かっていてくれって意味だ。確かにこのままではチビ達も危険だ。私はメモシュを抱いてメルヴェを連れて難民テントへ走り、隠れた。激しくもめている声や叫び声がずっと続いた。

はがされたポスターを手にもって

私はずっと怖くて怯えていたが、幸いな事にメモシュとメルヴェはまだこの最悪な状況を理解していない。しばらくすると騒ぎの様子をカメラ撮影していたN君がテント側に来て「大丈夫ですか？」と聞いてきた。チビ達が心配になったらしい。「今、どんな状況なの？」「もう、めちゃくちゃです……、警察もきています。このままでは誰が捕まってもおかしくないです」「そう、なんだ……」

自分だけ安全な場所に隠れているのには気が引けて、いてもたってもいられなかった。だけどチビ達をほっとくわけにもいかないし……困った。するとメルヴェが外で遊びたいと言い出した。「駄目だよ、もう少しだけここにいて」と言っても「お願い、お願い」と押し切られ、仕方なく歩道に二人を連れて出た。相変わらず騒ぎはつづいていて、驚いた事になんとハティジェが倒れているのが見えた。ただでさえ連日の座り込みで体の弱ったハティジェは以前にも一度、倒れた事がある。それなのにとうとう無理をして、また倒れてしまった。

「朝日ぃ、ハティジェさん倒れてるよ。ハティジェさんのところに行こうよー」

「向こうに行っては駄目なんだよ。いい子だからここにいて」

もう辛くて涙が止まらない。

その時、消防車が国連大学の敷地内に入ってきた。さらに三〇人以上の機動隊が私の前を横切り騒ぎの方に向かっていった。いよいよ大変な事になった。それにしてもこの大人数はちょっと理解できない。

「朝日ぃ、ちょっとだけ、ちょっとだけハティジェさんのところに行こうよ」

「駄目っ」

「でもちょっとだけ、お願い」

「駄目だってば」

メルヴェとそんなやりとりをしてると、急にメモシュが騒ぎの方に走り出した。「あっ、メモシュ!」メリイェムの叫び声に子どもながらに母親のピンチがわかったんだと思う。もう、これ以上は二人を止めることは出来ないと思い、私もメモシュとメルヴェと一緒に皆のところに向かっていった。

騒ぎはまだ収まってはいない。救急車がハティジェを運んでいった。その時だった。

「——が警察に連れていかれた!」

と誰かが大声を上げ、もの凄い衝撃が走った。

「誰が……っ、誰が連れて行かれたの!?」

私は混乱して、とにかく去っていく機動隊を追いかけた。誰かが「ジャマルが連れていかれたー!」と言った。な

捕らえられたジャマルさんを負うムスタファ。
しかし。警察官の妨害にあう。

んて事だろう。ジャマルさんが捕まってしまったなんて。私が走って来るのに気がついた三〇人以上の機動隊はいっせいに壁になり「駄目です！」とジャマルさんのところに行こうとする私を押し返して邪魔をする。なんとしてもジャマルさんのところに行くんだ、と思った私も無我夢中で機動隊と押し合いになる。その時、ジャマル支援会の酒井さんが機動隊に「お前らセクハラだぞ！」と怒鳴り、機動隊は一瞬ひるんだ。その隙に私は間をすり抜け、警察の護送車にたどり着いた。しかしジャマルさんの姿が見えない。

ジャマルさーん　ジャマルさーん　ジャマルさーん　ジャマルさーん　ジャマルさーん
ジャマルさーん　ジャマルさーん

何回、名前を呼んだか解らない。私の叫びなんかお構いなしに護送車はあっという間に行ってしまった。二家族も途方にくれた。こんなあっという間にジャマルさんが連れていかれるなんて。いざとなったらジャマルさんの盾になって守らなければなんて考えていた。それはもの凄い思い上がりだった事に、その時初めて気づいた。国家権力にどうやって対抗できるというんだ。

「なんて間抜け……」

激しい自己嫌悪におそわれて、いい年して声を上げて泣きじゃくった。広場の中央では、まだサポーターが抵抗している。あだっちは警備員に抗議している。小鳥さんは泣きながらなお、地面に張られたポスターを懸命に守っている。それに対して二人の警備員は夢中で皆のポスターをビリビリに破いている。あまりの事に血が逆上した私は警備員に向かって怒鳴った。

「もう気が済んだでしょう!?　後は私達でやりますから!!」

はっと我に返った警備員は、さっとポスターから手を離した。怒りの収まらないデニズさんは警備員に食ってかかる。それを二家族は必死に押さえ込む。私達サポーターはボロボロになったポスターを力なく片付ける。なんて惨めなんだろうって思った。サポーター達のテントや荷物も放り出され、私達の居場所は二家族の難民テントのみに追いやられた。時間は昼近くになりますます暑くなってきた。ショックと炎天下で頭が痛い。

あまりの騒ぎで喉が渇いた。皆もきっと喉が渇いただろうとレイと二人でコンビニへ行き飲み物を買い、それを皆に配り一息ついた。サポーター達は輪になり話をした。

なんでもジャマルさんは騒ぎの最中に警備員とぶつかっ

9月22日夕方、国連から退去勧告が出され
広場のすみには警備員が整列した

たらしく、その反動で警備員が倒れた。それからものの数分で三〇人以上の機動隊がやってきて、あっという間に暴行罪でなんの取り調べもなく問答無用で連れて行かれた。納得いかない。

あの白熱した状態だったし、その間、互いの体がぶつかる事はあってもおかしくない。でも、二家族やサポーターの言い分からすれば騒ぎの最中、柱の陰でサフィェさんやメリイェムが警備員に暴力を振るわれたり、メルジャンが思いっきり体当たりされたり、サポーターの中にもひっぱたかれた者もいる。後でサポーターが警備員に「ひっぱたきましたね」と言ったら「うるせえからいけないんだ」と小馬鹿にした対応だったそうだ。騒ぎの最中、ジャマルさんは「話し合おう」「暴力はやめろ！」とずっと言っていたらしい。倒れた警備員には悪いが、警察は本当にジャマルさんだけが悪いというのか……！

ジャマル支援会の津村さんが、ジャマルさんの捕まった警察署に抗議行動に行こうと言い出した。そこで、そこにいた日本人七人は警察署に向かう事に決めた。

警察署の入り口の前でバナーを広げ抗議行動を始める。七人とは結構寂しい人数だけど仕方ない。警察官がこちらに気づきゾロゾロと外に出てきた。かまうもんか。私は國場君の次に拡声器を持った。実は私は抗議行動というものがあまり好きではなかった。今までサポーター達は法務省、入国管理局の抗議行動をやってきたが私自身、本当のところ気乗りしないでやっていた。こういう拡声器を持って騒ぐことで本当に言いたいことが相手の心に届くんだろうか、平和的な行動なんだろうか、いつも迷いがあった。

でも、今日は違う。友達を奪われた事が完全に許せなかったから。

「ジャマルさーん、聞こえるー！！？」

とにかく体いっぱいに声を上げた。

「ジャマルさんは、日本に助けを求めて、難民として日本を信じてやってきたのに、こんな酷いことするのかー！」

一人の警官が怒って、國場君達にすぐに止めろと文句を言っている。でも私はワザと止めない。

「ジャマルさんを返せー！　ジャマルさん、私達は味方だよ！　負けないでねー！」

懸命に叫びつづけたら、歩道橋の上から通行人が「頑張れよ！」って言ってくれた。凄く嬉しかった。けど、すぐに警官のストップがかかってしまい短時間で終了になってしまった。結局、國場君が少しスピーチして、後はほとんど私だけ騒いで終わってしまった。

国連大学への帰り道、私は相変わらず泣いていて、小鳥さん

警察官の制止を振り切りながら、声を限りにジャマルさんを激励する

がタオルを差し出してくれた。ジャマルさんと仲がよかった小鳥さんは、本当は私なんかよりずっと辛いはずなのに、私の方がいつまでもメソメソしていて申し訳ないのと情けない気持ちでいっぱいになった。お互いに「ジャマルさん助けようね」「頑張ろうね」と言いながら国連大学に戻った。

強制撤去

朝の騒ぎから痛かった頭がさらに痛くなってきた。きっとこの炎天下の中で色々あったから体が参ってしまったんだと思う。それに、もともと強い体質じゃないのに無理がたたってしまった。我慢できなくなって日陰になっている地べたにタオルを枕代わりにして寝転んだ。もぉ最悪。

しばらくすると、救急車で運ばれたハティジェが戻ってきた。起き上がって「ハティジェ！」と私が呼んでも気づかず、うつろな表情でふらふら通り過ぎていった。そっとしておこうと思ってまた横になったらハティジェがこっちに近づいてきた。

「具合悪いの？」

ハティジェが聞いてきた。

「あ、うん。頭がいたいかな……。でも、私なんかよりハテジェの方が顔色悪いよ」

ハティジェは黙ってスっと難民テントの方にいってしまった。どうしたんだろうと思っていたら、今度はマットをもって戻ってきた。

「この上に寝なよ」

この時は、なんて優しい子なんだろうってもの凄く感動してしまった。ハティジェの方がよっぽど体調が悪いはずなのに、自分より他人の心配が出来る子なんだなあ・・・なんて思いつつ、お言葉に甘えてマットで寝かせてもらった。寝ていると今度はドカっと顔に何かぶつかった。ビックリして目をさますとメモシュが私の顔の上に座っていた。

「何すんだよーっ」

と怒ってみせても、メモシュはキャッキャ笑いながらふざけて私からマットを奪おうとして私の眠りを邪魔する。意地になって寝ようとしてもオムツが顔に迫ってくる。今度は強引に私の手を引っ張って散歩に連れて行こうとする。遊んでやりたいけど今はとてもそんな体力がないよ……。やっとメリイェムがメモシュを連れて行ってくれた。でも、すっかり目が覚めちゃった。

十五時を過ぎた頃か、浅野さんがやって来て、東先生が来て、加奈子さんも来た。伊藤さんが日本人で集まって会議しようと言い、サポーターはテントに集まった。カザンキランさんが、とうとう国連大学から、「今日十九時までに国連大学の敷地内から出ていかないと強制撤去する」と言われたそうだ。「どうするんですか?」と私が聞いたら、カザンキランさんは「もちろん出て行かない」と答えた。サポーターの間では、ここに残るか残らないかの論議がでた。きっと今度は昼間どころの騒ぎじゃないだろう。残れば日本人も今度こそ捕まるかもしれない。カザンキランさんは「サポーターの皆さんは逃げてください」と言った。

私は今までの事を振り返った。二カ月前の私は偶然、国連の座り込みの件を知って二家族の支援活動に参加することを決めた。ボランティアは以前から興味を持っていて、いろんなボランティアをやってる人の講演会などに行ったりして、ああ、私もこの人達のようになりたいな、なんて思ったりしていた。実際初めての活動だったので私は「人助けをするんだ」と、とても希望にあふれていた。それなのに何でこんな、いつのまにか反政府みたいな事になってしまったんだろう。ただ流されただけなのか、それともこうなる運命だったんだろうか……。

もういいや。ここまで来て今更後には引けない。こうなったら最後まで二家族に付き合う事に決めた。もし自分が捕まって何年も刑務所入れられたり、そのせいでお金がもの凄くかかっても殺されるわけじゃない。私は日本人だから。

もう、諦めと開き直りだった。ただ、どうしても不安だったのはサポーターが少なすぎることだった。現時点で一〇人程度、これではなんの抵抗も出来ずあっという間に一網打尽じゃないか。國場君はありったけの人に国連大前来てもらうように電話していた。加奈子さんは知ってる限りの報道陣に連絡した。

十七時三十分になった。急に異変がおこった。国連大学の駐車場から数十人の警備員がずらっと出てきた。何列にもならんでこっちを見ている。そして三人の警備員を連れた年老いた国連の職員が私達のほうにやって来て一枚の紙を取り出して読み上げた。

「十九時までにこの敷地内から撤退しなければ、強制撤去をする」

つまり、十九時までに撤退しなければ、あの何十人もの警備員達がテントを壊しにやって来るってわけだ。

「これが国連のやり方ですか!?」

「説明しなさいよ!」「もっと話の分かる人出しなさい!」

サポーター達は怒って抗議するが、職員は黙って逃げるように去っていく。私と加奈子さんは職員を追いかけて抗議をつづける。するとその時、テントの方が大騒ぎになっている。何かと思ってテントに戻ると、カザンキランさんとドーガンさんがガソリンをかぶったのだ。もう後がないと悟った二家族はあらかじめガソリンをペットボトルに入れそれぞれポケットの中に忍ばせていたのだった。いつの間にか国連大学は警察や消防車で包囲されていた。なんて手回しがいいんだろう。浅野さんが焼身自殺を図ろうとしているカザンキランさんにしがみ付いた。ガソリンまみれになった浅野さんはドーガンさんの方を指し「早くそっち押さえろよー」と叫ぶ。そんな事言われて

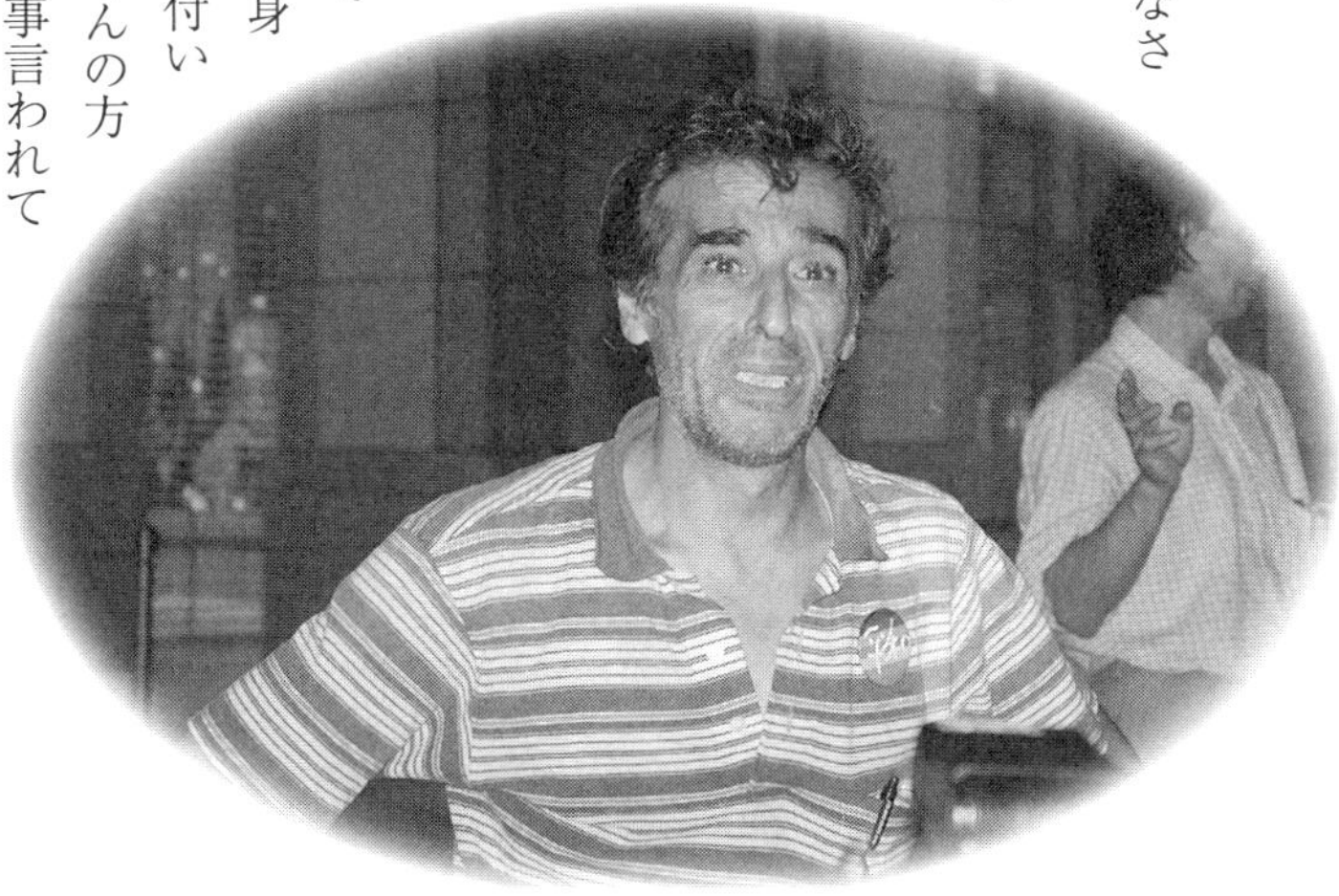

ガソリンをかぶり、国連の非道を訴えるカザンキランさん

てもあの巨体をどうやって押さえればいいのか皆、腰が引けていた。今のドーガンさんはまさに手負いの獣状態で、もの凄い殺気だっていた。デニズさんもガソリンをかぶりだした。もう手に負えないよ。なんとかサポーター皆でドーガン兄弟を押さえ込んだ。その隙に私は近くにあったホース付きの水道を使い、「ごめんねー！」と叫びながらカザンキランさん達にサポーターごと水をかけていく。誰かが「母親もガソリンをかぶった」と言い、私はサフィェさんに後ろから水をぶっ掛けた。一瞬あっけにとられたサフィェさんはすぐに我に返り「朝日—‼」と私に怒鳴りつける。あまりの勢いに私は思わずびびってしまい、言い訳しようにも声が出なくなって後ずさりしてしまった（私だって本当はこんな事したくないんだよ〜）。サフィェさんは私の顔をじっと見て、何を思ったか向こうに行ってしまった。するとハティジェが私に向かって泣きながら、

「何で止めるのよ、止めないでよ！　私達は死んだっていいのよ、生きてたって明日はないんだからー！」

もう耐えられないほどショックだった。あの時、私にマットを差し出してくれたやさしいハティジェは、その時にはすでに死を覚悟していたなんて。まだ十六歳なのに明日が無いなんて日本はいったいどうなっているんだ。

「ずるいじゃないのよー！　私達何の為に頑張ってきたのよー‼」

私は声を荒げてハティジェに向かって叫んだ。サポーターが「ちょっと、興奮しすぎよ」「おまえ、落ち着けよ」と言ってきた。これがどうやって落ち着いていられんだよ。私は警備員の方に向かった。

数十人の警備員と背広を着た職員二人の前に立った。無謀にも説得しようと思ったのだ。それ以外思いつかなかった。思いつく限りの言葉を使って訴えたが職員と警備員は一言も喋らない。多分、もっと偉い人に何も喋るなと言われているんだろうけど。きっとその偉い人はこの安全な建物の中にいるのだろう。

「いくら仕事だからって、あんた達が二家族追い出したら本当に死んじゃうんだよ。それでいいの？　それで自分の仕事に誇りが持てるの？　今すぐやめてよ」

職員と警備員は反応しない。でも言わなきゃ気がすまない。

「命がかかってるんだってば！　あんた達が仕事放棄したって死ぬわけじゃないでしょ。ここは日本なんだから。でも彼らは違うんだよ。後が無いんだよ」

無茶苦茶言ってるのは分かってる。でもこっちも必死だ。

自主退去

訴えを続けていたら横の方から「あなた達、入ってきなさい」という声が聞こえた。何だ？　と思って声の方を見たら三田のおば様だった。国連大学が一般人を敷地内に入れない様に入り口に張っていたバリケードを三田さんが崩して一般人を中に入れようとしている。三田さんはいつもの穏やかな口調で「入ってきていいのよ。いらっしゃい」と一般人を説得している。別の入り口では宇田川さん達がバリケードを崩しているらしい。さすが奥様ボランティア軍団は心強い。

私はさらに職員と警備員に訴えかける。相変わらず何も喋らないが警備員の何人かは、いたたまれない表情で下を向いている。ラマザンが来て職員に怒りをぶつける。加奈子さんもやって来て警備員に「仕事だからって許さない！」と怒る。小鳥さんも東先生も抗議する。あの強気な加奈子さんが泣いている。小鳥さんも東先生も泣いている。皆、皆悲しいんだよ。國場君が地面に手をつき「何で駄目なんだー！」と叫ぶ。ラマザンは「俺は好きで難民に生まれたんじゃねえよー」と怒鳴る。レイが来て私に「ねえ、もう十八時半すぎたよ」と時計を見せる。「十九時になったらテント壊されちゃうの？」レイが不安な顔をする。「あんたはもう帰りなさい」「い、いやだ……」私とレイは黙って肩を抱き合った。一時間以上も抗議を続け、私も皆もだいぶ体力の限界が来ていた。突然、雨が降ってきた。誰かが「神様だって怒ってるのよ」と言った。本当その通りだよね。

疲れもピークに達した頃、ふと周りを見渡すと驚いた。いつのまにか国連大学の敷地内はサポーターと一般人でいっぱいになっていた。普段なかなか顔を見せないサポーターもたくさん集まっていた。凄い、本当に感動した。大袈裟《おおげさ》だって思われるかもしれないけど、私はこの時本当に「奇跡はおこった」って思ったんだ。これなら警察もむやみに手を出せないよね。

そして十九時も近くなった頃、ドーガンさんの保証人の福島瑞穂議員と大橋弁護士が登場した。グッドタイミング。福島議員は職員に「こんな強引なやり方は困ります！」と一喝《いっかつ》した。福島議員と大橋弁護士を間に立ってもらい、国連とカザンキランさん、ドーガンさんが建物の中で話し合う事になった。その間、皆やっと一息つくことが出来た。私とレイは地面にへたり込んでしまった。

しばらくの間、話し合いは続いて、サポーター達はそわそわしながら待っていた。話し合いが終わり、カザンキランさん達が出てきて、記者達の方に向かった。どうなったんだろうと後ろから皆でついていった。ドーガンさんが私達の方を振り返りニヤっと笑った。この座り込みでドーガンさんが笑ったのは初めて見た。びっくり。

記者会見で福島議員は話し合いの結果、強制撤去ではなく自らの意志で川口のアパートにもどり、これからは議員を通して交渉の道をつくっていく、と語った。二家族とサポーターは抱き合って喜んだ。とにかく助かった。サフィェさんと抱き合ったらまだ服が濡れていた。

「ごめんね、早く着替えてね」

「いいの、いいの」

それにしても、この大騒ぎの後のメルジャンの元気さにはさすがだと思った。ひょっとしたら大物かもしれない。

座り込みは終わってしまったけど、皆の晴れ晴れした顔が嬉し

灼熱の 72 日間

かった。この七十二日間、色々あった。楽しかったけど、良い事ばかりじゃなかった。辛いことや嫌なこともたくさんあった。でも最後まで頑張ってよかった。全てが初めての体験だった。初めてにしてはやけにハードなボランティアだったけど。

でもまだ終わりじゃなくて、やらなければいけない事が山ほどある。二家族の難民認定はまだまだ先の話だし、何よりも早くジャマルさんを自由にしてあげたい。「頑張らなくちゃね」とサポーター同士で励ましあう。

まだ整列をしている警備員と職員にむかって私は「お疲れ様でしたー」と言った。それに対してEさんが「こらこら、せっかく騒ぎが収まったのに、また挑発するようなこと言うんじゃない」と注意してきた。また、それに対し誰かが「違うよ、彼らだって家に帰れば家族がある。そのために働いているが、やはり心が痛んでる人だっているんだよ。だから挨拶したんだよな」と言った。私は「そうだよ」と答えた。それに納得した國場君も警備員達に深くお辞儀をした。唯一、心残りとしては、こんな形になってしまったけど国連大学の人達の言い分も聞いてみたかった。きっと向こうには向こうの事情とか理由とかあったんだと思う。

夜も遅くなり、私達はとうとう国連大前を後にする。振り返れば長い旅だったようにも思える。私達の灼熱の七十二日間はここに終わる。

「世界は一つ」のメッセージを込め、指をかざす

第七章　その後の二家族

マンデート認定

気も遠くなるような座り込みも終わり、カザンキラン家、ドーガン家は長い事留守にしていた川口のアパートに戻ることになった。二家族は今までの経緯で皆、体を壊してしまい、しばらく療養する事になる。やっぱりメルジャンだけは元気だったようだけど……。

サポーター達はといえば、何人かはジャマル支援会の人達と「ジャマル救援会」を発足して休む間もなく動いていた。座り込みが一段落したとはいえ状態は特に良くなった訳ではなかった。ジャマルさんの問題しかり、二家族の難民認定や経済問題は何も解決していなかった。そんな不安のぬぐえない日々がしばらく続いた。

そんなある日、十月も終わる頃だったか喜ばしいニュースが耳に入った。たまたまカザンキラン家に寺井さんと浅野さんの三人で遊びにいった時のことだった。カザンキランさんが私達に、ある書類を見せてくれた。それはなんとマンデート認定の証明書だった。

「これって本物ですかっ？　ＵＮＨＣＲがホントにくれたんですかっ？」

ちょっと興奮ぎみで聞く私に対しカザンキランさんは、

「そう！」

と嬉しそうに答える。

「これで大丈夫なんですよね？　本当に安全になれるんですね？」

「大丈夫！」

マンデート認定。つまり国連がカザンキラン一家を難民と認めてくれたのだ。これで国連のバックアップにより日本での難民認定の可能性が高くなった。信じられない……。とうとう一つ私達の夢がかなった。久々の安堵感。カザンキランさんもこの認定書を入国管理局の出頭日の時に持っていけば、もう安心だろうと言っていた。私は、次はドーガンさんのマンデートもすぐに出るんじゃないかと期待を膨らませていた。

入国管理局

十一月十五日、カザンキラン家全員の、月に一度の仮放免手続きの日がやってきた。一応、サポーターに呼び出しメールを出しておいたのだけど、マンデートがあるから大丈夫だろうと皆思ったのだろう。この日はデニズさん、東先生、N君、私と埼玉新聞の記者さんの四人しか集まらなかった。それでも特に心配する事なくカザンキラン家と一緒に六階での手続きに付き合った。

六階には大きな待合所があり、そこから一人ずつ隣の職員室のような部屋へ行き一カ月の仮放免手続きを行う。ゼリハやハティジェ達が滞《とどこお》りなく手続きを終える。今日はいい感じに終わりそうだと皆機嫌よくなり、カザンキランさんとラマザンの番が来て二人同時に手続きをしに行く。

しばらくして事態が一変した。カザンキランさん達が血相変えて戻って来た。

「私とラマザンが収容されるかもしれない。荷物は用意してきたかと聞かれた！」

私は突然のことで理解が出来ない。

「こっちにはマンデートがあると言ったが、そんなものは関係ないと言われた。次に名前を呼ぶまで待ってろと言われた」

なんでこうなるんだ。皆、いっせいに不安そうな表情に変わる。これではマンデートの意味がまるでないってことなんだろうか。さっきまでは明るいムードだったのに今は空気が重い。ラマザンは収容の不安から無口になり、じっと座っている。サフィェさんも無口になってしまった。三姉妹やデニズさん、ムスタファは場を明るくしようとしているが、やはり無理がある。いったい待ってろとはどういう事なんだ、どれくらい待てばいいんだろうか。私は胃が痛くなってきた。

部屋から女性職員が出てきてラマザンに
「この書類に名前を書いて下さい」

と言ってきた。余裕のないラマザンは
「そっちで勝手に書けばいいだろっ」

と怒鳴る。女性職員はそそくさと隣の部屋へ戻っていった。そのとたん
「一番の番号札をお持ちのお客様――！、二番の番号札をお持ちのお客様――！、三番の番号札をお持

ちのお客様――！、四番の――……」

急にアナウンスが繰り返し流れた。番号札を取る機械には「0」の表示。つまり誰も番号札なんか取っていない。

「わざとやってる……」

カザンキランさんは悔しそうに言った。確かにラマザンを怖がらせようと挑発《ちょうはつ》したとしか思えない。今度は別の部屋から男性職員が出てきて、下を向いているラマザンの顔を馬鹿にしたように覗き込んで、もとの部屋に戻っていった。いったい入国管理局の人間はどうなっているんだろう？　理解が出来ない。

二時間以上待った。ストレスが頂点に達して頭が痛い。私でもこんなになるのだから皆は半端ではないと思う。やっと二人が別室に呼ばれた。私も収容されてなるものかとついていった。いかにも意地の悪そうな職員が
「はい、今日は収容なし！　また一カ月たったら来て」

こんなに嫌な気持ちで長い間、待たせておいてなんて言い草だろうか。ラマザンが
「俺はいつ収容されるんだ」

「そんなの知らないよ、また一カ月後に来ればいいだろ」

「収容するならいつするか言ってくれよ！」

「知らないよ！　今日はもう終わったんだ、はい。もう帰って！」

あまりの許せない態度に私は職員を睨みつける。私に気がついた職員は
「何で関係ないのにいるんだよ」
ぶしつけに言ったのでラマザンが
「関係あるからここにいるんだよ！」
私も、
「ここにいると何か問題でもあるんですか？」
皮肉たっぷりに言ってやった。それに逆切れした職員は
「何で関係ないのにいるんだよー！　今日は終わり！　今日は終わり！　もう帰ってくれよー!!」
馬鹿丸出しでまくし立てる。まぁ、こんな奴とこれ以上口論して、またカザンキランさん達が危ない目に会うのも困る。職員を一睨みして部屋を出た。

もう、日本は嫌だよ……

「もう、日本は嫌だよ……」
帰り道、ハティジェがつぶやいた。私はなんて言っていいかわからない。来た時とはうって変わって帰りは皆、沈んでる。
「どうして私達はこんな目に合わなければいけないのっ？　もっと他の日本人や難民が力を合わせればいいのに、皆は何で頑張ってくれないのかしら？」

ゼリハは悔しそうに私に訴えかける。繰り返し「日本は嫌いだ」と言う三姉妹に対して私は
「日本は駄目なんだよ、駄目な国なんだよ……。ごめんね」
それしか言う事が浮かばなかった。せっかくマンデートがでて、もう危ない目に合う事はないと誰もが思っていたのに、こんな事になるなんて想像もつかなかった。日本は本当にどこまで難民を絶望させる国なんだろう。本当に酷い。別れ際にハティジェが私に
「朝日さん、いつかクルドが平和になったら一緒にクルドに行こう」
「うん、行こう」
即答した私にハティジェは少し驚いて
「え？　ホントに？」
「本当だよ、必ず行こう」
この後、東先生はUNHCRにマンデートが出たのにこの酷い扱いの理由が知りたくて電話をした。UNHCRの方も入管のやり方に驚いていたが、入管の方に抗議の連絡をしてくれると言ったらしい。結局、入管はマンデートがあって手が出せないにもかかわらず単なる嫌がらせでやった事なんだろうか？　そんな結論にたどり着く。それでも安心出来ないカザンキランさんとドーガンさんは、早急に今までの署名を法務省に提出したいと言い出した。
十二月十日、法務省へ署名提出の日となった。議院会館の会議室で、テーブルの上に積み上げた署名は六万三〇〇〇筆を越えていて、メモシュの身長を越えていたのには皆、感動していた。あの座り

込みから署名集めを始めて半年もたっていないのに、この署名の数は凄い事だ。かつて、日本でめでたく難民認定をされたビルマ人の署名は確か三万筆。今回はそれを大きく上回っているので今度こそいけるかもしれない。法務省への要請団は青山学院大学の雨宮教授、東先生、私の三人になった。そして仲介として民主党の藤田・今野・石毛議員が付き添ってくれる。署名をそれぞれ大きめのバッグに戻し手に持ち、法務省に向かう。

いよいよ法務省に入り会議室に通される。話し合いが始まる。相手は職員三人。私はかなり緊張していたが署名の多さには自信があったので、だいぶ前向きに考えていた。東先生は教え子ハティジェ、メルジャンの身を案じるあまり職員に対し強い口調になるが、私はとりあえず愛想を振りまきご機嫌取りに徹した。それに対し職員もニコニコしていたので今回の交渉はまずまず成功だろうと軽く考えていた。

メルヴェの高さほどもある、積み上げられた署名

二十日、今度はUNHCRに署名提出と話し合いに行く。メンバーは寺井さん、東先生、雨宮教授、私の四人。UNHCR側はマスコミを呼ばないことと人を国連前に集めないこと、具体的に二家族の件を出してこないことを条件に私達と会うことに応じた。いよいよ難民高等弁務官トップのナタリーさん、日本人の補佐官KさんとMさんの三人と対面をした。座り込みの間、決して接触する事の出来なかった相手ととうとう話し合いが持たれた。ナタリーさんはテレビで一度見た事があったが正直、怖い女性なのかと思っていた。しかし予想外に感じの良い女性だった。ナタリーさんが英語で話し、それをKさんが通訳する。

「今日は日本の一般人で難民支援をする方々とお会いして非常に嬉しく思います」

話し合いは一時間の約束だったが、いつの間にか二時間に伸びていた。ナタリーさんは日本のUNHCRがいかに頑張っても最後に決定を下すのは日本政府なので、それ以上は口を出すことが出来ない事などを言っていた。結局は前向きに交渉が進んだ訳ではないけど、UNHCR側はだいぶ誠実に私達と話しをしてくれたと思う。

十二月二三日のカザンキラン家の出頭日は滞りなく終了した。もう、今度こそ大丈夫なんだろうと誰もが思った。

column

ＵＮＨＣＲと支援する会との話し合い

十二月二十日に、正式には初めてＵＮＨＣＲと二家族を支援する会の代表との話し合いが持たれました。ＵＮＨＣＲの駐日地域事務所のナタリー・カーセンティ首席法務官との話し合いです。私も参加しました。

ＵＮＨＣＲに二家族の支援をお願いするつもりで行った私たちでしたが、この時はナタリーさんの愚痴を聞く結果になってしまいました。ナタリーさんいわく。

「日本政府はユニークな、あまりにもユニークな、きわめてユニークな政府である。世界各国にいる同僚と会った時に話すが、日本は他の国とまったく違う。他の先進国は、政府が難民問題の取り組みに積極的である。難民認定に際しても、ＵＮＨＣＲと協議するなど協調的だが、日本では意思決定にＵＮＨＣＲは加えられていない。さらに、他の国では、民間の支援組織や支援者も多い。私たちの仕事がやりやすく、やりがいもある。私も皆さんがおっしゃるように、収容施設の問題や庇護を求めてくる難民を受け入れるように日本政府にアドバイスしている。しかし、日本政府はアドバイスを受け入れない。日本で知り合った弁護士やジャーナリストがいうには、日本の変化は非常にゆっくりである。すぐには変わらないと言われた。私たちＵＮＨＣＲの存在に敬意を払い、その発言を尊重する政府や法務省をつくるのはみなさん日本人の責任である。私たちも努力するが、過度の期待を寄せられても応えられない。国会議員、メディア、大学、ＮＧＯ、そして市民が力を合わせて日本のシステムを変えていくしかない」と。

心底うんざりしているように見受けられました。また、「難民問題を支援している皆さんには心から敬意を表する。皆さんのような支援者が増えて日本の国を変えてくださることを願う。何か、私たちがやれることでアドバイスがあればして欲しい。今後も難民支援をしている人たちと話し合っていきたい」とも言っておられました。

「日本は難民に冷たい国で、日本に来た難民たちが、家や食べ物、医療や安全などなにひとつ保障されていない。UNHCRはそれらの問題に対しても積極的に手をさしのべるのが仕事ではないのですか」という私たちの質問に対して、「国連は、難民受け入れ数に応じて予算を配布する。日本は難民を少ししか受け入れていないので、私たちの事務所はお金がない。したがって、スタッフも少ないし、庇護を求めてきた人に使える資金もない」という答えでした。

話し合いの後、参加した仲間と話しましたが、「ナタリーさんの努力とあきらめが伝わってきたね。国連の上部に、日本は『特別な』国なのだから、世界標準の予算配分では難民支援の仕事ができないとナタリーさんは主張して、予算額が増やせないのだろうか。日本政府に有効な圧力をかけられないのか」などの共通の感想を持ちました。

ちなみに、日本が国連に拠出しているお金は世界第二位です。金額で考えれば、そのお金の一部で、十分日本に庇護を求めてくる難民の安全と医療をまかなえます。ここでも、日本は、お金は出すが、日本で難民は受け入れないという政策なのです。

UNHCRの速報値によると、二〇〇三年だけでも、戦争被災民などを除く難民条約上の難民を米・英・仏各国は一万人以上受け入れていますが、日本は先進国では例外的に少なく、わずか十人にすぎません。

私たちが支援している二家族も、日本で難民認定され日本で暮らすことを望んでいました。しかし、日本政府が、一月十八日、カザンキラン父子を迫害の恐れのあるトルコに強制送還したため、彼らは日本に住む事をあきらめ、第三国への出国を望んでいます。ＵＮＨＣＲは、通常経済的に貧しい国の場合のみ斡旋していた難民の第三国への移住を、今回の件で、日本に関してもやることに踏みきったようです。現在ＵＮＨＣＲは、カザンキラン家の受入国を探していますが、難航しています。受入国からすれば、経済的に豊かな日本国がなぜ受け入れないのか、難民条約にも批准しているではないか、ということになるのでしょう。

日本に庇護を求めてきた難民は、日本でも受け入れられず、第三国に行くこともかなわない状態に置かれることになります。（寺井）

強制送還

年が明け、支援者の間で「座り込み七十二日間を本に出来ないだろうか？」というアイディアが浮かび上がった。話はだんだん盛り上がり、実現に向けて計画を進めだした。二家族は日本語での文章は書けないので、私が家族の聞き取りをしてパソコンに起こすことになった。

一月十五日にカザンキラン家に行き、一人一人の話を聞いてメモをした。それぞれの話は本当に切なくて悲しい気持ちにさせられた。やっと六人までの聞き取りが終わった。

「カザンキランさんはいっぱい喋りたいでしょ？　今度はちゃんとテープレコーダー用意してきますから、次回にしましょうね」

「そうしましょう」

そしてカザンキランさんは少し黙ってから、

「これ以上デモとかやったら私、今度こそ捕まってしまうかな……?」

「……そうですね。マンデートももらった事だし、きっと一番安全な時ですよ。今は大人しくしていましょうよ」

今日のカザンキランさんは穏やかでとても素直に私の意見に同意してくれた。私は二日後の出頭日は大丈夫だろうけど、一応付き添うと言ってカザンキラン家を後にした。

一月十七日、カザンキランさんとラマザンの出頭日が来た。日本人の付き添いは私、N君、小鳥さんだった。カザンキランさん達はまだ来ていないので、三人で入管の前で待っていた。N君が、

「なんか付き添い少なすぎじゃないですか? 皆、安心して来ないんですよね。いいのかなあ、俺なんだか嫌な予感するんですよ」

「そうかなあ?」

私はあまり本気にはしていなかった。今、危ないことなんてありえないって誰もが言っていたし、なんたってマンデートだよ!って思っていた。

しばらく待って、やっとカザンキランさん、ラマザン、付き添いのサフィエさんが歩いて来るのが見えた。私達に気がついたカザンキランさんは元気よく駆け寄って来てくれた。皆は機嫌が良くて心配していない様子だったので私もすっかり安心しきっていた。

皆でまず七階に上がりあっという間に手続きを終わらせた。そして六階に行きさらに手続きをおこ

なった。私達日本人は廊下で待っていた。いつものことながらずいぶん手続きに時間がかかる。でも、あまりに遅い。なんだかだんだん不安になってきて何度も部屋の向こうをドアのガラス越しから覗き込んだ。

とうとう最悪の事態がやってきた。ガードマンがドアの内側に長テーブルをバリケード代わりにして置いて、さらにそのすぐ奥にガードマン十人くらいと職員が並びだした。この異様な光景に私達は血の気が引いた。

「これって私達が入ってこられない様にやってるのかな?」

「だから言ったでしょ。嫌な予感がするって。皆、安心し過ぎなんですよ!」

そこにキリスト教のボランティアの人が通りかかり、

「入管は収容する難民に支援者がいると、こういうことをやりますよ」

「じゃあ、二人は収容されちゃうの⁉」

「そうです」

目の前が真っ暗になった。付き添いで部屋に入っていたサフィエさんが大声で叫びながら出てきた。何か言っているがトルコ語なのでわからない。小鳥さんはマスコミや支援者に連絡をして呼びかけた。キリスト教の人も難民支援教会に連絡してくれた。私は収容される事に納得いかず無理矢理ドアを開けて中に入ろうとした。当然、職員が私を中に入れまいとドアを押してくる。

「何で収容するんですか? ちゃんと説明してくださいよ!」

「関係ないだろう」

「あなた達はそれでも人間ですか？　心が痛まないんですかー!!!」

部屋の奥から、

「織田さん、こいつら人間じゃないよー！」

カザンキランさんの怒鳴る声が聞こえた。

「カザンキランさん、ごめんねー！」

私も泣きながら叫んだ。

ドアは閉じられ、どうする事も出来なかった。それでも納得がいかず、その場で残りの家族や支援者が来るのを待ちながら何度も職員に話し合いを要求した。職員はちょっと待ってと言いながら、ほったらかしにされた。図体のでかい警備員が小柄の警備員にわざと私達の前で「(収容が終わって)これでやっと飯が食えるよ」と言ったのを私は忘れない。

一時間が過ぎて職員はまだ話し合いに応じようとしない。我慢の限界にきた私は、

「いつまで待たせるんですか！　失礼でしょう！　馬鹿にしてんの!?」

とマジギレした。さすがに、ちょっとまずいと思ったのか、すぐに私と入管に駆けつけたゼリハの二人が部屋の中に呼ばれ、職員二人と一時間以上の話し合いをした。しかし、ほとんど無駄に近い話し合いだった。何を言っても聞いても「さあ」「わかりません」の一点張りで平行線のまま終了になってしまった。最後に私が、

「まさか強制送還なんてないですよね?」

職員達は何も答えない。

一月十八日、大橋弁護士の提案で午後から記者会見を開くことになっていた。午前中に國場君と二家族がカザンキランさんとラマザンの面会に入ろうとしたら、もうここにはいないと言われたらしい。牛久の田中さんにイスタンブール行きの予約を調べてもらったら、なんとその日の十四時十五分の名簿に二人の名前があった。議員やアムネスティ、難民支援協会にいろいろ手を打ってもらっている間に、辛淑玉さんが司会を務めてくれて記者会見は始まった。ゼリハ、エルダルさん、支援者、大橋弁護士がメディアに今回の強制収容の件など訴えた。会見の途中、大橋弁護士に伝言のメモが渡された。それを読んだ大橋弁護士は、

「残念ながら……今、二人を乗せたイスタンブール行きの飛行機は飛び立ちました……」

会場は一瞬のうちに地獄絵図のようになった。二家族は泣き叫び、暴れだし、特にサフィエさんはパニックに陥りドーガン兄弟が押さえつけても手に負えなかった。

「お父さんが死んだらどうするんですかー!!」

ゼリハは叫んだ。これが法務省のやり方だった。私は呆然としながら只、泣き叫ぶカザンキラン家を見ていることしか出来なかった。

column

痛恨の二日間

二〇〇五年がはじまって半月。カザンキラン家のアフメットさんとラマザンの今年最初の入国管理局への出頭日が来た。今回は大丈夫だろうと誰もが思っていた。なぜなら、前年の十二月十日に六万筆を越える署名を、国会議員立ち会いのもとで法務省に提出し、くれぐれも収容などはしないよう強く要請してきたからだ。いくら何でもこれだけの市民の声を無視するとは思えなかった。難民認定は難しいとしても、うまくすれば在留特別許可が出るかもしれないし、最低でも仮放免の延長は約束されていると思えた。その証拠に、十二月の出頭日は今までにないくらい早く延長手続きが出た。十一月の時はラマザンが嫌がらせをされたのに、信じられないくらい紳士的な対応だった。

一山越えたという実感があった。カザンキラン家の新年会に招かれたときも、アフメットさんが「先生、もう心配いらないからね。大変だから今回の出頭には付き添わなくていいですよ」と言ってくれた。で、お言葉に甘えることにした。正直に言って、疲れが溜まっていた。新年早々札幌で開かれた教研集会に参加し、二家族支援についてリポートするなど、冬休み中もあまり休めなかった。この辺で一度くらい息を抜いてもいいだろうと思ったのだ。

十七日の午前中、ゆっくりと起きて、そろそろ職場に行こうかなどと思っていた十一時過ぎ、携帯電話が鳴った。小鳥さんからの緊急連絡。アフメットさんとラマザンが別室に連れて行かれ、ドアの前で入管の職員がバリケードを張り、誰も通さないようにしているとのこと。「収容されそうです」と悲痛な声が耳に響く。

一瞬何を言っているのかよく分からなかった。ともかく入管に駆けつけることにした。ただ、その前に職場によった。教頭に事態を説明し、休みを取り、授業のための課題を作った。その間にも様々なところから続報が入ってきた。二人が収容されたという事実が確定的になった。次に何をすべきか、品川へと向かう電車の中で一生懸命考えていた。

入国管理局の前で支援者たちや二家族とおちあった。やらなければならないことが段々はっきりしてきた。まずサポーターのミーティングを開くこと。その場に居合わせた大橋弁護士からのアドバイスで、記者会見を開くことも決めた。大橋弁護士が弁護士会館を予約してくれた。

その後渋谷でミーティングをした。主に翌日の記者会見の打ち合わせだった。喫茶店の中で抗議文をあわてて書き、あきこさんにパソコンで打ってもらった。また、即時解放を求める緊急署名も準備することになった。

翌日、記者会見は二時からの予定だった。家族は早速二人の面会に行ったが、私は行かなかった。会見で何をどう話すか考えをまとめたかったのだ。十時過ぎ、ハティジェから泣き声で電話がかかってきた。「お父さん、品川にいない。どこかに連れて行かれた。強制送還される……」。信じられない言葉が耳を襲う。呆然とした。だが、強制送還されたと決まったわけではない。泣きじゃくるハティジェを慰めながら、誰に連絡を取ろうか考える。国会議員など幾人かの名前が浮かび、電話を切るやいなや、何人もの人たちに連絡した。気持ちは焦っているが、半信半疑の部分もあった。収容された翌日に送還なんて聞いたこともない。また入国管理局の嫌がらせではないかという思いが消えなかった。

ところが事態は最悪の方向に向かっていたのだ。イスタンブール行きの飛行機に二人の名前で予約が取れていることが明らかになった。二時十五分発予定だという。どうするべきだろうか？　記者会見は二時からだ。成田と（弁護士会館のある）霞ケ関に同時にいることは出来ない。成田空港に向かっても、どこから搭乗するのか分からない。国会議員も法務省と入管に掛け合ってくれているし、弁護士も退去令の執行停止手続きを取ってくれている。取りあえずそちらは任せよう。もし万が一強制送還されたとしても、そのことを広く知らせることが必要だと思った。記者会見をきちんとすることが自分に出来ることだと思った。サポーターの中には成田空港に行って体を張ってでも止めてくるという者もいたが、全員弁護士会館に集合するようメールで指示を流した。

自宅から霞ヶ関があんなに遠かったことはなかった。電車に乗っても、携帯に電話がひっきりなしにかかってくる。一駅ごとに降りて、電話に出てはまた乗る。すぐに別の電話がかかってくる。その繰り返し。バッテリーが空になり、途中下車してコンビニでバッテリーを買う。普段の倍時間がかかり、やっと弁護士会館に着いた。

「六万人じゃ足りないんですか!」

記者会見のはじまるまでの時間を利用し、入管・法務省・空港の管理局に抗議電話を皆でかけた。依然として二人の居場所は分からない。分からないまま、記者会見をはじめた。

二時半頃、会見に同席していた大橋弁護士にメモが渡され、二人がトルコに強制送還されたことが明らかになった。一瞬の沈黙の後、家族が慟哭《どうこく》した。サフィエさんは椅子に何度も頭を打ちつけていた。ハティジェは床の上で手足をばたばたさせながら泣き叫んでいた。みんなが泣いていた。突然ハティジェの眼から光が消えた。魂がどこかに行ってしまったのだと分かった。彼女は、体の力が抜けもがくのも泣き叫ぶのもやめた。家族には別室で休養してもらうことにし、改めて支援者たちで記者会見を開いた。代表から一言とマイクを渡され、「六万もの署名を集めて渡したのに……」と言ったとたん感情が爆発した。「六万じゃ足りないんですか!

十万なら大丈夫だったんですか！　百万でも駄目なんですか！」涙が出て止まらなかった。「ハティジェやメルジャンが日本のことをどう思うか、これが平和と民主主義を掲げる国のやることですか？」後は声にならなかった。

会見の後、法務省とトルコ大使館の前で抗議行動をおこなった。警察がやって来る。責任者は誰かと聞かれ、私の名が出る。「察してください。教え子が死ぬよりつらい目にあったのに何も出来なかったんです」と言った。そのことは知っていると目を潤ませている人もいた。けれども何かすべてが遠いことのように思えた。座り込みの終わった日、ガソリンをかぶった家族たちを必死にとめた。ハティジェとメルジャンが「生きてたっていいことなんかないんだから死なせてあげて」とぶつかってくるのを必死に説得した。いつもその言葉が耳から離れなかった。もう二度とそんな思いをさせたくなかった。だが、この事態は何なのだろう。会見場でハティジェが「お父さんと一年しか暮らせなかった」と言った言葉とともにそれらが頭の中で鳴り響いていた。

その夜は虚脱状態だった。家に帰るやいなや携帯電話の電源も切り、そのまま寝てしまった。朝起きてメーリングリストを確認し、夜通しトルコのＮＧＯや人権組織と連絡を取ってくれた人がいるのを知った。恥ずかしかった。

なぜあの二日間だけ入管に行かなかったのか。気が緩んでいたとしか言いようがない。今も後悔している。そして、この先何があっても、私はその現場に立ち会いたいと思う。自分の目で見据え、それを風化させずに伝えていくことが自分の義務だと思っている。

（東）

二人の強制送還からドーガン家は日々、怯えていた。エルダルさんは急激に白髪が増え、メリイェムは「次はうちの人ね……」と、よく泣いていた。マンデートのないドーガン家の危険を案じ、急遽カナダ行きの手続きを始める事になる。本当のところドーガン家は日本で暮らしたかったのに、今回の件でやむにやまれずの選択だった。それでもカナダ行きの手続きも困難で、数々の条件と金銭面をクリアしていかなければならなかった。場合によってはカナダも受け入れてくれない可能性もあり、失敗すれば今度こそドーガン家も強制送還されてしまう。彼らの心休まる日はない。

一月、二月の仮放免手続きの日はどれほど恐ろしいことだったか想像もつかない。二月二五日。エルダルさんの難民裁判判決の日だった。結果は「敗訴」。次の仮放免の日は収容の可能性が高くなった。この日から出頭日までエルダルさん達はほとんど眠れなかったようだ。議員達は何度も法務省と入管に「第三国手続きが進んでいるのだから、ドーガン家を収容はしないでほしい」と要請してくれた。私や支援者は第三国という切り札がある事で、また少し油断していた。

三月十八日、エルダルさんの出頭日が来た。だいぶ支援者もメディアも集まっていた。しかしエルダルさんは六階の部屋に入ったまま戻ってこなかった。今度は入管の職員が五、六人、ドアにへばりついて、私達を中に入れないようにしている。ここの職員達はいったいどんな気持ちで仕事をしているんだろうか。

四月六日、メルヴェは小学生になった。入学式は私も付き添ったが、ランドセルを背負ったメルヴェは本当に可愛くて感動の一日だった。しかし、エルダルさんは娘の入学式に出席できずに収容所の中にいた。四月二十五日はメモシュが三歳の誕生日を迎えた。その日もエルダルさんは閉じ込められていた。

しかし、エルダルさんの希望通り、議員の保証人を探し、民主党の議員が五人も保証人になってくれた。第三国への手続きが進んでいる事もあり、議員の方々の尽力もあり、エルダルさんは四十二日目にしてついに解散された。本当に嬉しかった。希望がやっと見え始めた。

ただし残念な事に、保証人の一人になってくれていた今野東さんが同時期に議員を辞める事になった。本当に残念でならないが、今野さんへの感謝の気持ちは二家族もその支援者も忘れる事は出来ない。

もう一つ悔しいのは、第三国出国手続きに情熱を燃やしてくれたカナダ人、Ｉさんがオーバーステイで収容されてしまったことだ。

ドーガン家の第三国手続きは現在も進行中で、はやくカナダで幸せにくらしてもらいたい。カザンキラン家も再び家族が一つになれる日が来る事を願わずにはいられない。

そして、日本の難民達の解放を祈りつつ……。

2004 年 12 月、毎日ナンを焼くメリイェムさん。
就労が出来ないから、難民は家にいる時間が長い

column

中学生サポーターの見た二家族

真里奈といいます。中学三年生です。ドーガン家のみなさんに初めて、お会いしたのはカザンキラン家のお父さんのアフメットさん、お兄さんのラマザンさんが強制送還されてしまったことで弁護士会館で開かれた記者会見でのことでした。カザンキラン家とは一週間前ぐらいに、お食事をご馳走になり初めてお会いし、それっきりでした。今思うと特に親しかったわけでもないのに、人見知りで方向音痴の私がよく一人で行けたなと自分の事ながら感心します。あのころ私は学校に行かれない日が続いていました。パワーがありあまっていたのかもしれません。あの会見場でサポーター・メールにいれてもらい、何かあると寺井さんに確認し、私もお邪魔していました。

ある時、参議院議員会館で、カザンキラン親子の強制送還に抗議する院内集会があり、そこで受け付けをしたことがありました。その時がドーガン家の長女メルヴェちゃんとの初めてのエピソードだと思います。メルヴェに飴を一つもらったので私の持っていた飴を三つあげようとすると、「一つしかあげてないでしょ」と私の手のなかから好きなのを選んで小さな口にいれていました。しっかりしてるというか、欲がないなぁなんておもいました。

それから私と一緒に過ごした短い時間の中でメルヴェが特に楽しそうしていたのはお絵描き会をした帰りに寄った公園でのことです。滑り台を滑ったりブランコに乗ったりとても楽しそうでした。ブランコの周りに、三〇センチ強の木の枠が等間隔にならんでいました。メルヴェがやってみると言うので始めは私が両手を持ってその周りを回りました。手を少しでも離そうとすると泣きそうな顔をします。そんなメルヴェもしばらくすると片手になり、最後には「手を離しても大丈夫よ。一人でやってみる」というので手を離しました。だんだんスイスイ進めるようになりました。

私は、お母さんとも違うし、お姉ちゃんというわけではないけれど、あの時の一生懸命なメルヴェは微笑ましく一緒にいて鼻が高いというか、とっても誇らしい気分になりました。その公園がとっても気に入ったようで、あと十分だよと言うと、にっこり笑って「あと一時間ね。わかった」と言いました。滑り台も、あと一回と言っても、あと五回とねばりました。あんなに積極的なメルヴェは今まで見たことがありません。帰りには「今度はプールに連れてって」といいました。

それからも何度か会う機会があったのですが私自身とっても楽しかったのは私と母の友人の主催で開かれたクルド料理教室です。カザンキラン家、ドーガン家のお母さんが中心になってみんなでお料理を作り、とっても美味しいクルド料理をたくさん食べ、たくさん踊りました。わたしがあの日一番本当に嬉しかったことは「日本にきて楽しかったことは二つしかないけど今日がそのうちの一つです」と言ってくれたドーガンさんの言葉です。彼らの流暢《りゅうちょう》でない日本語にはいつも、とっても重みがあります。だからこそ、あの日の、あの言葉は本当に嬉しかったです。同時に日本に何年もいるのに楽しかったことは二つしかないというのは、とっても悲しく淋しい話でした。

ドーガン家もカザンキラン家も毎月、毎月、品川の入国管理局に足を運ばなければなりません。この間メルヴェ達と一緒に品川からドーガンさん達の住んでいる板橋の方まで一緒に帰りました。メルヴェは小学校にあがったばかりで私のお下がりの大きなランドセルを背負っていました。入国管理局から品川までタクシーで行けば千円かかりません。十分ほどでつきます。でも歩いていくと三十分近くかかります。メルヴェには三歳になる弟メモシュくんがいます。メモシュくんはベビーカーですがメルヴェは歩かなければなりません。坂道も多いし大変な道です。板橋駅からも四十分近く歩かなければいけません。記者会見でも後ろにいる私ですらライトの熱で頭がガンガンしてきます。一番暑いところにいるメルヴェは会見が終わるまでいつもジッと耐えています。終わると汗で頭が湿っていて、よく頑張ったねぇというと「大丈夫よ」と笑顔で言ってくれました。

雑誌やインターネットなどでは「日本にきた二家族が悪い」「難民は二家族だけではない」などと書いてあるのを目にしました。たしかに難民と呼ばれるひと達は二家族だけではありません。でも、たくさんの制限やストレスを受けながら毎日生活しています。そして私は二家族と出会いました。

出会ってからの期間は短いです。私は十四歳です。でも私にだって悲しい声は聞こえます。これだけ辛いことが、たくさんあったのだから今度は幸せな生活を送ってほしいです。私はまだ働くことのできる年令ではありません。みんなに会いにいくお金も両親からもらっています。しょうがない事かも

メルヴェの書いた絵

しれないけれど、私には何もできないと淋しいような気分になります。私にも、みんなが幸せになる手伝いがしたいです。もしかしたら、はじめの頃の私は学校に行けず居場所が見つからず二家族に会いに行く事で現実から逃げようとしていたのかもしれません。でも二家族と会うたびに恵まれた環境にいるにもかかわらず逃げてばかりいる事が後ろめたいような恥ずかしいような気持ちでいました。三年生になった今は学校に通っています。楽しいことばかりではないけれど、今回みんなに出会ってから夢もできました。ドーガン家、カザンキラン家のみなさんには本当に感謝しています。だから今回レポートを書いてみないかといわれてお引き受けしようと思いました。

ドーガン家は今カナダに行く準備をしています。エルダルさんも収容所からでることができました。とっても淋しいけれど日本から早く出国できることを願っています。だから短い時間だけど一つでも楽しい思い出をつくって出国してほしいです。言葉足らずな文章でしたが最後まで読んでくださってありがとうございました。二家族を応援してくださいおねがいします。

（支援会メールマガジンより転載）

第二部

よりくわしく難民問題を知りたい人のために

Human Rights !
国連大学前の72日間の座り込み
そこまでして彼らは何を訴えたかったのか
我々は彼らの声を聞いてみることにした
今まで知らなかったことが見えてきた・・・

第一章　二家族の思いの底にあるものは

岡﨑　智

「これは私達だけの問題じゃないから。もし私達が日本で難民と認められなくても、しょうがない。でも後のことは皆さんの問題だから、残されている難民の問題だから。二十一世紀の問題だから。よろしくお願いします」

二家族と出会ってから彼らの主張を幾度も耳にしてきました。二家族の口から繰り返される言葉は、もともとの言葉の違いもあってか、簡潔なものが多いのです。メディアとしては、彼らの言葉をピンポイントでとり上げて、彼らの意図をなるべく正確に伝えたいと思います。しかしどうしても、彼らの言葉そのものを伝えてもこぼれ落ちていくものがあります。短い言葉の裏に感じる彼らの微妙な心まで伝えることは難しいのです。幾度も同じことを訴えてきたことに対する空《むな》しさや諦め、難民として受け入れない日本社会へメッセージを発することへの嫌悪、露悪的な自己主張を嫌う謙虚さ、自らの主張を身をもって証《あか》し立てすればいいはずだという自尊心。そういった心情が彼らの短い言葉にはまとわりついてみえるのです。

彼らの言葉を聞きながら、二家族が座り込みをしてまで訴えたかったことは何なのだろう、と考えることがよくありました。言葉として語られていることだけでなく、彼らを突き動かしている思いとは何なのだろう、と私は思いをはせることが多々ありました。なぜ彼らの主張に耳を傾けるべき根拠があるのか、そのことについて思うところを書いてみたいと思います。

クルド難民

彼らははたして難民と呼びうるのでしょうか？　彼ら二家族が主張しているトルコでの迫害歴については、たまたま日本で出会ったにすぎない者にとっては検証が難しく、カザンキランさん、ドーガンさんの難民認定における裁判の過程も完全に無視できるわけではありません。行政とて現地の状況が不透明なまま、彼らの証言を判断するしかないわけで、少なくとも聞きとりは試みていると言えるでしょう。そのうえで彼らを難民とは認めませんでした。

しかし彼ら自身がクルド人というトルコでのマイノリティに属し、クルド人がトルコで差別されている状況があることは歴史的に考えて間違いがないことです。民族によって差別され生きづらさを抱えた状況を、逆に民族によりどころを見い出して、生きて

クルドの国旗

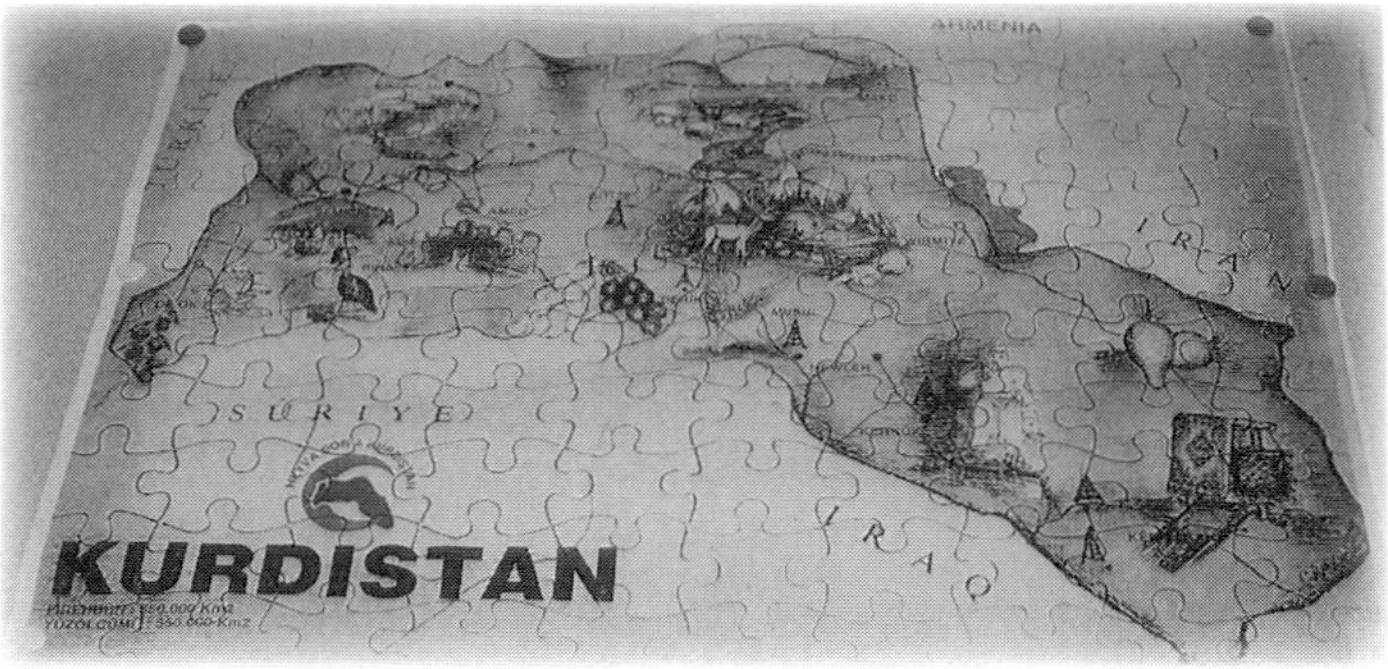

ジグソーパズルのクルドの地図

いこうとすることはごく自然なことに思えます。

彼らと接するようになってから、彼らがクルドの歴史にいかに誇りをもっているか、そして自らの行動をクルド人の解放運動の一端にいかに位置づけようとしているか、を痛感させられることがありました。座りこみをしているとき、国連大学の壁面にはクルディスタンの地図と旗と、クルド人の歴史で起きた事件を伝える写真が幾枚も貼られていました。クルド人の歴史を世界にアピールするのだと言っていました。そして自分達の座り込みの行動を世界中のクルドメディアがどのようにとりあげるのかを一番気にしていました。

ふとしたときにカザンキランさんに頼まれたことがあります。自分達の行動を報道した雑誌やビデオがあるのなら、なるべく手に入るようにしてくれないだろうかと。「百年後にきっと大事になるから、お願いします」。座り込みから退去した後、たまたまドーガンさんの自宅を訪ねたとき、部屋にはクルドの旗とクルド独立闘争の指導者オジャラン氏などの肖像が掲げられていました。彼らと話しているとテロリスト集団と評価されることもあるオジャラン氏の率いたクルド労働者党への思い入れが極めて強いことがわかります。彼らのクルド人としての強い民族意識は、トルコ国内では抑圧されており、軋轢《あれつき》を生むことがあるのだろうと想像させるものがあります。

難民と認定されるには、当事者が迫害を受ける恐怖を抱いているという主観的事情のほかに、他者が当事者の立場におかれた場合にも恐怖を抱くような客観的事情も必要だと言われます。ちなみに欧州連合（ＥＵ）はトルコのＥＵ加盟条件として国内のクルド人の人権状況の改善を申し入れている事実があります。そしてオジャラン氏は一九九九年に国家反逆罪によって死刑判決（のちに終身刑に減刑）を受けていましたが、この裁判は不当であったとして二〇〇五年、欧州人権裁判所によってやり直しを勧告されました。トルコではクルド人にとって公平性を欠く人権状況があることが、ＥＵの姿勢によってうかがい知ることができます。

難民鎖国

カザンキランさんの場合、国連難民高等弁務官事務所（ＵＮＨＣＲ）によってマンデート難民とされていました。日本政府はカザンキランさんの経歴と裁判での供述への疑問から難民と認めませんでした。彼は高裁において地裁での証言には虚偽があったと自ら認めたのです。

ではなぜＵＮＨＣＲは彼を難民と認めたのでしょうか？　日本は難民条約に加盟している以上、ＵＮＨＣＲの判断を尊重することが求められているはずです。難民問題が複雑なのは、政治的な迫害を受けたということだけに重点をおいて判断するのではなく、世界的には移民政策や外国人非正規滞在者の問題と表裏一体の関係があることです。

純粋に政治的な迫害歴のみを難民受け入れの際に重視するというのなら、ある一定数の人間を自国に割り当てられた責務として難民として受け入れるフィンランドなどの欧州諸国の難民制度やニュージーランドにある難民制度（クオータ制）は、判断基準が曖昧な節操のない制度だということになってしまいます。また過去にフランスやイタリア、そしてスペインで行われたような不正規滞在者を一斉に正規滞在者とした裁量的行為も、まるで正当性のない行為だということになります。特にこの正規滞在者化は、滞在歴の長さや、雇用関係、家族生活の継続性、病気の状態などによって人道的判断が下され、ＥＵ諸国においては、近年こそ一斉正規化ということが行われなくなっているものの、個別的に正規化がかなり行われているとも言われています。

この正規化と同様な発想が、日本では在留特別許可にあたります。法務大臣の裁量のもと人道的な判断によって、実定法の枠組みを越えた判断をくだす余地は日本でも存在しているのです。カザンキランさんの場合、彼自身のクルド独立への志向や来日後もトルコ政府が彼の行動を追尾していた事実、そして滞在歴や未成年者を含む家族の存在、といった人道的に加味されて判断されるべき諸条件が総合的に勘案されて、ＵＮＨＣＲがマンデート認定を下したのではないでしょうか。

「ＵＮＨＣＲがマンデート難民と認めたということは、世界的に庇護を受けている難民となんら変わらないのですよ」というのが難民問題の専門家の見解です。日本の難民鎖国ぶりは彼ら二家族の座りこみを契機に世の中に知られたという面が確実にあると思います。日本での難民という概念に対する理解が、国際的にみて、あまりにズレているという認識がＵＮＨＣＲ側にあったと思えてならないのです。二家族の支援者はＵＮＨＣＲの法務官と協議した際、日本のような経済大国に難民政策で勧告しなければならないという事実に驚いている、と告げられています。ちなみに二〇〇〇年のＵＮＨＣＲの報告によると、難民受け入れ数の対ＧＤＰ比は世界一三六位、受け入れ数の対人口比は世界一二五位。これでは大国の責務として難民問題の認識を改める必要性があるのではないかと国際機関が感じてもいたしかたないでしょう。

実際、二家族が国連大学前で座り込みをしたとき、ＵＮＨＣＲは彼らの行動に同情してか、寝泊りするテントを提供してくれていました。彼らのアピールを見て日本政府が難民政策を転換する猶予《ゆうよ》を与えているように見えたのです。

国際条約に反した難民政策の実態

ドーガンさんの場合、彼が座り込みに至る大きな契機になっているのが、法務省によるトルコ現地への難民認定調査です。難民申請者の情報を、現地当局に照会し、現地の軍や警察関係者とともに、クルド人一七人の親族の家を調査して回ったとされています。

庇護を求めている当事者の情報を、現地当局に照会するというのは、ＵＮＨＣＲの難民認定調査の適正手続きに反しています。現地親族をも危険に晒《さら》す可能性のあるこのような調査は、あまりに初歩的な倫理違反であって、クルド難民弁護団は批判の会見を開きましたし、アムネスティ・インターナショナルも非難声明を出しました。

難民認定で現地当局と協力するような国の例は知らないと、先の難民問題の専門家は証言していました。どうやら法務省は現地当局に個人情報を照会する軽率さがときとしてあるようです。しかしカナダにおいては個人情報の開示によって難民と認められた例もあります。こういった適正手続き違反をする日本の難民認定にどうして服さなければならないのか、という怒りがドーガンさんの思いには根本的にあるのでしょう。

また彼にとって入管収容施設で経験した不当な処遇の数々が、日本の難民政策のおかしさを確信する大きな要因になっている面もあるはずです。二〇〇四年入管法が改正され、政府は入管法に定める諸手続きに携わる際の運用や解釈に当たってはＵＮＨＣＲの解釈や勧告等を尊重すること、という参議院付帯決議がなされていますし、同様の趣旨のことは二〇〇三年ビルマ難民への国家賠償請求訴訟の最高裁判決でも言及されているのです。難民条約は三五条において、締約国の機関と国連との協力を規定し、国連機関への責務遂行に便宜を与えることを約束しています。

恨まれる日本

彼ら二家族が闘ってきた難民裁判の司法判断だけで、彼らのおかれた客観的事情のすべてを考慮したと言い切れない状況もあります。というのも難民裁判は、法務省の難民認定がされた時点での判断が不当であるかどうかを争っており、その後の事情を判断するわけではないからです。あの大々的な座り込みは彼らが迫害に晒される恐怖を抱くに足る客観的事情を招いてはいないのでしょうか。そして、そんな状況が考慮されたとはとても言えないほど突然、カザンキラン家の二人は、父親の退去強制処分の裁判の結果も待たずに強制送還されてしまいました。国際機関どころか、国内の司法判断すら軽視して、法務省はしゃにむに送還を実現してしまいました。

これはマンデート難民を強制送還した前例のないケースだとしてUNHCRは憂慮を表明しています。日本では過去、このようなことは一度もありませんでしたし、世界的にも北朝鮮からのマンデート難民を強制送還したロシアと中国の例がある程度です。その時には、当時国連難民高等弁務官だった緒方貞子氏が両国に抗議をしました。カザンキラン家の父子の強制送還は世界的な難民の判断基準と日本におけるそれとは違うのだと決定的に宣言したことになります。難民条約は「ルフールマン」(危険または迫害に直面しうる国・地域への難民の強制送還)を明確に禁止しています。もしも法務省の施策が正当ならば、素早いUNHCRによる懸念の声明も、彼らに検討されていた第三国出国もありえないものでしょう。

強制送還後にはこのようなことも起きています。カザンキラン家の二人が強制送還され家族が分断された直後、法務省はこれを問題視した国会議員の問い合わせに対して、家族の一体性を確保するため残りの家族も送還する、と答えました。その後各方面から批判が集中し、残された五人は仮放免を延長され国内に留まりました。その際に法務省は、未成年者らを含むことから人道的措置として強制を停止したと説明したのです。ところが人道的措置として国内に止め置かれた彼らには、強制送還の実行された二〇〇五年一月末で、難民事業本部という政府系の難民支援団体からの生活費が支給されなくなりました。政府によって人道的措置を理由に国内に止め置かれた彼らに対し、政府は人道的に処遇する一定の責務があるはずです。このような理不尽なことがあるでしょうか。彼らには就労活動が許可されていないので、飢える自由が与えられただけとなりました。

ＵＮＨＣＲが一時的に彼らの生活支援をしましたが、そもそもＵＮＨＣＲは日本の難民行政を監督する立場であり、個別的な生活支援をするために存在しているわけではありません。またドーガン家の父親も、難民不認定処分取り消し訴訟の地裁段階での敗訴後、仮放免を停止され四十日余りも収容された後、再び仮放免されました。この間に彼をとりまく状況がとりたてて変化したわけでもないのに、収容と仮放免が実行されたのです。恣意《しい》的で明確なルールもみえない行政が行われている理由は、この問題にながらく取り組んでいる専門家や弁護士ですら、よくわからないというのが現実です。

彼らは座り込みをすることで、自らの状況を晒して正義はどこにあるのか判断してくれと全身で訴えていました。追い詰められた経済状況もあったと推測されますが、そこに至った責任はいったい誰にあるのかと満天下に訴えていたのです。自分達の置かれているこの状況は難民以外の何者なのかと。

そして二人が送還された後も、残された者は訴え続けています。彼らの主張を聞きとどけたいと思っても、彼らの視野にはもう日本という国はほとんどありません。国連が難民と認めた人からさえ見捨てられる国、日本。彼ら二家族をあの行動に至らしめた思いを無視する日本でよいのでしょうか？

column

クルド人問題と日本におけるクルド人

1　クルド人とはどんな民族か

トルコ・シリア・イラン・イラクなどにまたがって、「クルディスタン」と呼ばれている地域があります。クルディスタンとは「クルド人の土地」という意味で、メソポタミア文明を育んだティグリス・ユーフラテス川の上流にあり、牧畜や農耕に適した高原地帯です。そこに暮らす人たちがクルド人で、中東地域において、アラブ人やペルシャ人と並ぶ先住民族のひとつです。メソポタミア文明の発祥の頃から住んでいたとも言われており、彼らは自分たちのルーツに強い誇りを持っています。しかし、現在、クルディスタンは国境線によって大きく四つに分割されており、「クルディスタン」という国家は存在しません。人口は二〇〇〇万人とも三〇〇〇万人とも言われており、国を持たない民族の

カザンキラン家の故郷、キュルハシュカラホユク村の綿畑

中では世界最大の民族です。

なぜ、クルド民族には国がないのでしょうか？　クルディスタンには侵略と抵抗の長い歴史があります。この地域は古代から、ペルシア・オスマン帝国・ロシアなどの大国に侵略されてきました。しかし、現在のクルド民族問題の直接の発端は、第一次世界大戦後のヨーロッパ列強による中東の分割統治にあります。このときクルディスタンは複数の国に分割され、その結果、それぞれの国の中で抑圧と同化を強要され、それに対する抵抗とさらなる弾圧という歴史が新たに生まれました。第一次世界大戦後、民族自決主義の波に乗り「クルディスタン」が独立しかけたことがあります。しかし、クルディスタンに大油田が発見され、また豊かな穀倉地帯であることが災いして、ヨーロッパ列強の思惑の中で独立は阻害されました。現在でも、関係各国は、相互に政治的対立をはらみつつも、「クルディスタンの独立に否定的」という点では完全一致しているのです。

2　トルコにおけるクルド人問題

トルコでは共和国建国（一九二三年）以来、民族同化政策がとられ、クルド民族は存在しないとされ、クルド人たちは「山岳トルコ人」と呼ばれています。独自の言語や文化も認められず、当然クルド文化を伝えるための学校も許可されてきませんでした。

クルド民族には固有の言語である「クルド語」があります。しかし、クルド語の使用は全面禁止になり、最近までクルド語での日常会話でさえ犯罪とされてきました。二家族の子どもたちもクルド語を勉強し始めたのは日本に来てからだといいます。トルコにいたときは、クルド語を学ぶ機会もなく、クルド語をまったく知らなかったそうです。

多くの差別と迫害がありました。反対するものは徹底的に弾圧され、強制移住、逮捕・投獄、拷問などがあり、その結果、他国に保護を求めて出国した難民も多くいます。カザンキラン氏やドーガン兄弟もそうしたひとりです。トルコのEU加盟がなかなか認められないのも、クルド人迫害があるからだと言われています。

現在のトルコは、EU加盟をめざして民主化政策を推進しています。トルコ政府は、クルド人に対する差別・迫害はいっさいないと表明し、民主化政策をヨーロッパに向けてアピールしています。クルド語のCDも発売され、クルド映画も上映されるようになりました。しかし、公的な場でのクルド語の使用は認められないままです。トルコ人として生きる分には支障がなくても、クルド人として、民族の文化や言語を次世代に伝えながら生きていくにはまだまだ壁が厚いように思います。

3　日本におけるクルド人

政治的迫害の中にあって、危険を感じた人たちは国外に脱出しました。欧米に逃れた人も多かったのですが、九〇年代から多くのクルド人が保護を求めて日本にきました。特に、トルコ

キュルハシュカラホユク村のぶどう棚

のクルド人は多く日本に来ています。その理由のひとつは、トルコと日本が友好国関係で、日本国内に入る時にビザが不用で、入国しやすいからです。また、日本は難民条約を批准しており、先進国と呼ばれる国の中では、中東へ侵略をしなかった国として好印象を持たれていたようです。さらに加えれば、クルド人は迫害を受け続けている民族として、世界で唯一原爆の被害を受けた日本国に親近感を持っているように思われます。

現在、三〇〇人〜四〇〇人のクルド人が日本にいると言われています。その多くが難民申請をしましたが、しかしトルコ国籍のクルド人で難民認定を受けた人は一人もいません。トルコに強制送還後に拷問を受けて、もう一度日本に保護を求めてきた人にすら、特別在留許可を与えただけで、難民認定はしませんでした。何故でしょうか？

トルコ政府と日本政府は友好関係にあります。「トルコは民主国家であり、クルド人を迫害していない」というトルコ政府の主張を、友好国として追認しているとしか考えられません。友好関係は友好関係、クルド人問題は問題として、なぜ毅然とした外交を日本政府はしないのでしょうか。あのアメリカ合衆国でさえ、トルコと密接な関係にありながら、数多くのクルド難民を受け入れています。

日本は、難民支援のための膨大な金額を国連に出しています。アメリカ合衆国が一番で日本が二番目に多い金額を出しているのですが、アメリカ合衆国は保留にして支払っていません。したがって、実質的には日本が一番多いと言えます。国連にお金は出すけれど、日本国内には難民を受け入れないというのが、残念ながら日本政府の態度です。

日本に庇護を求めてきた難民は、収容所に強制収容されたり、迫害の可能性の高い本国に強制送還されるなど、思いもよらない困難が待ち受けています。国連の認めたマンデート難民さえ、難民として認めません。それどころか、マンデート難民であるカザンキラン父子はトルコに強制送還されてしまいました。

4　日本における難民の置かれている状況

迫害を逃れて故郷を離れ、何とか日本にやってきた難民を待ち受けているのは、庇護の手ではなく、日本政府の冷酷な拒否の態度です。日本に着いてすぐに空港で難民申請をすると、即刻入管の収容施設に強制収容されます。このように、難民にとって思いもよらない事態が待ち受けているというのが日本という国です。

日本における難民認定手続きは、「出入国管理及び難民認定法」という法律により、入国管理局の管轄になっています。難民申請者は、地方入国管理局に難民申請書を持っていき、申請をします。しかし、日本ではほとんど難民として認定されるケースはありません。総数で二〇〇二年一四名、二〇〇三年一〇名というおそまつさです。

難民として認定されなかった場合に採りうる選択肢は、大きく分けて二つになります。

一つは裁判所に訴えるという行動です。しかし、残念ながら、日本の裁判所は真の意味で内閣や行政から独立しているとは言いがたいので、裁判でも負けるケースがほとんどです。実際問題としては、地裁、高裁と裁判が継続している場合、強制送還はとりあえずないので、仮放免という制度で保釈金を払って収容を免れます。しかし、仕事をすることが認められないので収入の道がなく、霞を食べて生きていくような厳しい生活を余儀なくされます。

裁判に負ければ、強制収容、強制送還が待っています。

もうひとつの方法は、難民として認定されることをあきらめ、市井に紛れ込み、いわゆる「不法滞在者」として摘発を恐れながら生きていく方法です。この場合も基本的には就労は困難であり、「不法滞在者」であることを知った上で雇う（雇ってくれる）雇用主もいますが、「買い叩かれる」結果として安い賃金であることが少なくありません。また厳しい仕事のため労働災害に合うことも多く、その場合でも補償がないなどかなり酷い状況におかれることになります。

入管、警察による不法滞在者取締りが強化された昨今、本国にも帰れず不法に滞在せざるを得ない多くの難民が逮捕され、強制収容されるケースが増えています。さらに、難民申請が不認定となってすぐに、裁判に訴える時間もなく、即刻強制送還されるケースも出てきています。

いずれにしても、日本に庇護を求めてきた難民に対して日本政府はほとんどなにもせず、むしろ犯罪者に近い扱いをしています。二家族の人々は、よく「私たちは虫じゃありません。人間です」と怒って叫んでいます。

（寺井）

第二章　日本の難民迫害と難民運動

伊藤　一

国連大学前の座り込み――「灼熱の解放区」

1　渋谷「解放区」の皮肉、パラドックス

私は、これを書いている時点で、この本の表題をまだ知らないのですが、表題のいろいろな案の中に「灼熱の解放区」という一案があったことを聞いています。

七十二日間にわたるクルド人難民二家族座り込みを中心に繰り広げられた渋谷、宮益坂上、国連大学前の敷地は、炎天下・酷暑のただ中での座り込みという点でも、難民問題をめぐる法務省・入管当局との厳しい対決やUNHCRとの紆余曲折の関係、そして、クルド人二家族の焼身自殺の試みと、それを止めようとする支援者との文字通り熱い攻防の点でも、「灼熱」の連続でした。

しかしまた国連大学前は、二十四時間をつうじて、訪れればいつでも、クルド人二家族の人々やジヤマルさん、あるいは日本人の支援者の人たちが親密に迎え入れてくれるところでした。そこは、日常社会ではなかなか得にくいなごやかで真剣な交流や意見交換、真摯な相談、協同作業などを行うこ

とができる「解放区」になっていました。

国連大学前を訪れる私たちは、クルド人二家族やジャマルさんと談笑したり食事を囲んだり、いろいろな協同作業を行ったりしながら、「日本人社会」では気付きにくい知識や経験に接して新鮮な触発を受けてきました。あるいは、そのことを通じて、日本人支援者同士の交流、協力も促されました。

国連大学前を訪れた人々は、国籍だけとっても多様です。日本人にかぎっても、難民問題支援を行ってきた人、反戦運動などを行ってきた人とともに、これまで、こうしたことには白紙の人も多くいました。それらの人たちの多くから、クルド人二家族やジャマルさんとの交流、あるいは支援者相互の交流の中で、「前向きの」解放感を（様々な度合い、様々な種類であれ）感じた、ということを良く聞いています。私も同じように感じました。国連大学前は、周囲の社会からある程度隔絶された「解放区」の性格をつくり出していました。

しかし、これは、大変な皮肉でありパラドックスでもあったのです。

国連大学前は、日本で社会の一員としてさえ認められない難民の人たちが（大人も子どもも）、訪れる日本人を迎え、話や行動の輪の中心になり、主人公になった空間でした。もちろん、各地に、難民との交流や難民を中心とする集まりも活動もいろいろあります。ただ、国連大学前では、難民でありながら難民として認定されず、就業さえ禁止され、収容や強制送還の危険に日常直面している難民の家族が、主人公として公然と存在を明らかにし、日本人を迎え入れていることが他にない特徴でした。そのような解放的な空間を、人口密集地域のただ中に生み出したのです。これは、日本社会にとっては、皮肉であり逆説でした。日本社会が難民を極限まで抑圧・虐待し排除することによって、日本人は、日本に絶望しきった難民から、こうした解放的な空間、交流の場を提供してもらうことになったのです。

まったく皮肉なことに、多くの人に、普通では得難い解放感、気の置けない楽しい交流などを豊かに感じさせたクルド二家族やジャマルさんの座り込みは、彼らが、難民として日本社会で極限まで追いつめられての行動でした。

それは、日本政府―法務省・入管当局とのきびしい対立をはらんでいました。また、ＵＮＨＣＲとの関係でも、その庇護を受けながら意見衝突の面もかかえていました。そして、これらの反映として、難民・支援者の中でも、親密な連帯感の成長とともに、ときに激しい論争・対立も起こっています。

けれども、歴史上、これまで様々に形成され、積極的な解放感を生み出した「解放区」は、その大半が、何らかのきび

拡声器で訴える

しい対立や緊張と結びついていたものです。解放区は、日常社会の閉塞感を前向きに（ときに攻撃的に）打開する要素や萌芽をもつことによって、解放空間の性格をもってきました。このような解放区的な要素は、今も、様々な闘争、支援活動、ボランティア活動などの場面で、生成したり消滅したりしています。国連大学前の座り込みも、それらの一つとして――ただ、最近の日本では際だったものとして、人々を集め、難民問題への関心を喚起し、広げるものとなりました

支援者相互の一体感や強い連帯感を生み出した点で、この「解放区」は、他に劣らない顕著な性格を持ったと思います。その一つの理由は、難民問題という性格に由来しているかもしれません。目の前にいる普通の人たちが、いつ、手の届かないところに収容され、送還されるかもしれず、処刑されるかもしれないという現実に直面しているために、なんとしても、この人たちを守らなければならないという生々しい実感が、支援者の紐帯《ちゅうたい》になったように思います。こうした濃厚な結びつきは、なごやかな友好関係を生むだけではなく、支援内部や当該との関係でも緊張や対立もときに激しいものにします。しかし、その全体が、灼熱のエネルギーを生んだことは事実でした。

日本人の支援組織さえ持たずに出発したクルド二家族が、座り込みを通じて六万を越える署名を集めたことも、この座り込みの「熱気」の一端です。それは、確かに、〇四年の真夏、東京、渋谷のただ中に突然登場した「灼熱の解放区」に他ならないものだったのです。

クルド人難民二家族は、当初はテントさえなく、昼夜を通じて自動車・輸送車が轟音をたてて走り抜ける大通りに面したコンクリートの敷地に、小児や高校生まで含む家族ぐるみでの二十四時間の生

活に踏み込みました。炎天下に水も自由にならない生活です。こうした生活環境や物理的条件自体は、クルド人二家族にとって、解放感どころではなかったはずです。

しかし、二家族や、後にジャマルさんを加えた難民のこうした生活と行動が、日本人にとっての「解放区」を生み出したという逆説・パラドックスの意味について、これを明らかにする義務が、私たち日本人にあると思います。

2 国連大学前の訪問

私が、国連大学前を最初に訪れたのは、二家族の座り込み開始から二週間も経ってから、七月二十八日でした。私は「ジャマルさんを支援する会」の一員として、イラン人難民ジャマル・サーベリさんを通じて、国連大学前を訪れました。

ジャマルさんは、私の知人が、労組を通じて前から知り合っていたのですが、その紹介で私がジャマルさんと会ったのは、国連大学前座り込みの前の年、〇三年の九月からにすぎません。ところが、二、三回会って、これからいろいろ話していこうとしていた矢先、十月三十日に、（私にとっては突然に）、ジャマルさんは、横浜入管に収容されてしまいました。ジャマルさんは、月一回の入国管理局への仮放免更新手続きのため入管を訪れたのですが、申請していた難民認定の却下と（その却下への異議申し立てを却下され）退去強制令書を発布されて、直ちに収容されました。住居の整理や勤務先への処置や、その他一切を出来ないままに、予告なしに身柄を拘束されてしまったのです。この事態に直面して、知人・関係者を中心にジャマルさんの強制送還を止め、難民認定獲得を支援するための「ジャマルさんを支援する会」が発足しました。私もそれに参加しました。

ジャマルさんは、難民申請を却下され、退去強制令書によって（退去強制手続きの理由で）収容されたのです。それに対して、ジャマルさんは、難民不認定の取り消しを中心に、退去強制令書発布処分取消を含む提訴を行いました。これは、難民認定が却下された際に、それに対抗する訴訟の一般的なものです。

難民裁判では、訴訟中に収容され、あるいはさらに強制送還された場合に、勝訴しても、（たとえば送還された本国で既に迫害や処刑を受けるなどすれば）回復困難になるために、普通、収容や送還の（裁判終了までの）執行停止申立を行います。その際に、送還の執行停止は認められることが多いのですが、収容の執行停止はあまり認められません。

しかし、ジャマルさんは、「難民の相当程度の蓋然性《がいぜんせい》がある」として、送還だけでなく、収容についても執行停止の地裁決定を得て、〇四年四月に牛久の収容所を出ました。これは、支援者のほとんどは、（仮放免だけでなく）執行停止で収容所を出られること自体を知らず、大半の支援者は当初は何が起こったのか（裁判はもう終わったのか？）などと驚いてしまいました。

この収容執行停止は、ジャマルさんの難民性が非常に高いことを示しています。この決定は、法的にも人々の常識からも正当・当然なもので、また、ジャマルさんとわれわれジャマルさん支援会にとっては、この上なくありがたいものでした。

ただ、同時に、同じ様な執行停止決定を受けられない多くの難民裁判当事者が、ジャマルさんよりも難民性が低いということでもありません。ジャマルさんは、幸い、東京地裁の中では人権意識が高いといわれる「第三部」にかかったために、この当然の決定を得られたとも言えます。「第三部」にかからなかった難民にとっては、あらかじめ、収容執行停止の可能性も勝訴の可能性もほとんど断たれるという、難民をめぐる理不尽きわまる状況の一端が、ここにも冷酷な形で現れています。

釈放後のジャマルさんは、難民問題、在日外国人の集会、いろいろな政治集会などで、公然と、自分や難民の立場を訴えて他の難民との交流を追求しました。そのジャマルさんが、国連大学前のクルド人家族の座り込みを知って、強い関心と共感を持ち、七月下旬からそこを訪れるようになりました。国連大学前のクルド人難民の座り込みのことを、当時、私はジャマルさんから聞いたのです。

私の方は、ジャマルさん支援を除いて、難民運動にも疎く、国連大学前に行く以前は、座り込みについて何も分からない状態でした。

ただ、ジャマルさんが私に、二家族は、ビラを一枚一〇円のコピーで印刷しているので、こちらの印刷機を使えないだろうかともちかけてきたので、もちろん了承し、ビラを増刷してもっていったのが、国連大学前を訪問したはじめての機会です。

しかし、ジャマルさんが二家族といろいろ話をしてきたベースがあるために、また、ジャマルさんの通訳のおかげで、訪問したとたんに、アフメットさん、エルダルさんと随分話すことができました。ちょうど、署名用紙をどうするのか、二家族の見解表明をどうするのか、支援者との関係をどうするのか、などの話が出ていたときで、ジャマルさんを含めてその話を始めていたときだったようです。そのため、訪問したとたんに、なかなか難しい問題もあるその話の中に、いきなり巻き込まれてしまいました。

私が最初に国連大学前を訪れたこの日の、アフメットさん、エルダルさんの印象ですが、私は、それほど多くはないものの、原発反対や、住民闘争の課題などで、少人数による（ある程度強硬な）座り込み、団結小屋立てこもり、などを行う人たちと交流してきたことはあります。そのため、こうした運動に打って出る人たちについてのおおよそのイメージはあったのですが、二人の印象はさらに強烈でした。二家族の見解整理や署名をめぐる論議など通じて、二人から共通して受けたのは、決意しきって落ち着いているという印象でした。アフメットさんからは、相当に場数を踏んだ練達の活動家という印象を受けました。エルダルさんは、一途な姿勢を印象づけられました。このような突出した運動に邁進《まいしん》する人に多い、ある種のアクの強さも、親密さも、いずれも強烈でした。二人とも、俗にいうただものではないという感じです。実際に、いろいろな意味でただものではなかったのですが。

クルド二家族は、支援体制や言葉の問題なども重なって、まだ、座り込みの見解を提出できていないということでした。それを作成するなら、テキスト化や印刷は協力する旨を伝えたところ、その場で、ということになり、驚きましたが、幸い、ジャマルさんが通訳可能なので、そこで、アフメットさん、エルダルさんの話をかきとめ「クルド二家族の要求」を文章化しました。

この話の中では、日本政府に絶望し、第三国出国を目的とするということと、生活保障など要らないから就労権利をよこすべきだ、という主張が印象に残っています。

アフメットさんやエルダルさんは、日本語で立派に意見を表明しますが、会話での意思疎通はまだ苦手のようです。外国の言葉、慣れない言葉は、自分が話すときよりも、聞いて理解する方がはるかに困難です。そして、これは、特に、「政治討議」について一般に言えることなのです。

私は、在日スリランカ人（ＪＶＰメンバー）など、日本語にかなり慣れた在日外国人と話してきた経験が少しだけあります。彼らは、生活上、行き来している日本人と日常的なことで話す機会が多いため、日常会話は、ほとんど日本人と変わらないほど熟達した人も少なくありません。しかし、政治討議、理論的な論議は、どうしても仲間内で、母国語で話す機会が多く、日本語での会話の機会はかなり少ないのが普通です。そのため、政治用語、専門用語については日本語の単語知識もほとんどなく、日常会話と政治討議との会話能力の落差が非常に大きいのです。

このことは、日本人の側からは、なかなかつかみにくいことです。

私の場合は、二家族と話す際に、ジャマルさんの通訳を介しての会話と、通訳を介さない直接の会話との両方の場合があったので、自然に、双方を比較し、その落差を実感できる点で、非常にまれな恵まれた立場にいました。しかしそれでも、今になって、二家族の人たちに対してはもちろん、より日本語に熟達したジャマルさんに対してさえも、聞き取るのが難しい話を強引にしてしまった……と後悔する場面をいくつも思い出します。そしてそのため、こうした比較の条件を持たない多くの支援者にとっては、より以上に、伝えたつもりで伝わっていないということが多くあったのではないかと思います。

異なる母国語をもつ人と日本語で話すときは、意味が伝わっていない可能性を配慮することが必要で、このことは、いくら気をつけても配慮しすぎることはないと思います。

私の場合は、（非常に日本語に熟達した）ジャマルさんの仲立ちで、かなり会話が可能になった点で、二家族との会話については、他の支援の人たちよりも、大きい幸運に恵まれていました。

この最初の日は、国連大学前に、夕方から夜までの時間帯いただけですが、それでも、早くも、幾人かの支援者（サポーター）と話を交わしたり親しくなったりしました。その後、現在まで二家族支援を積極的に続けている人と出会っています。

また、別の支援者とは若干の意見対立もありました。これは、二家族支援の組織があった方がよいのかどうかをめぐる話が出たときのことですが、支援組織は一般的にない方が良いという意見があったので、無理に作れば弊害があるが必要になることもある、と意見を述べ、少し意見がぶつかったという程度のことです。私は、国連大学前に来たばかりで、受け身とはいえ対立の一因をもちこむのも良くないと思い、引いてしまいました。しかし、エルダルさんなどは、あいまいにせずに充分論議してもらいたいと思っていたようで、後で、悪いことをしてしまったのかどうか、難しいところだと少し迷ったところです。

しかし、この日の、ジャマルさん、支援者を交えた交流は気持ちの良いものでした。これは、少し特別の意味もあります。

私は、いわゆる新左翼、全共闘運動崩壊の後、八〇年代頃を前後とする時代に、いろいろな運動場面で、やはり、少なくない集会参加者や活動家と会っていますが、その人たちとの間に溝を感じて、とけ込めない感じを持つことが普通でした。この理由は、長くなるので別の機会にしたいと思いますが、旧来の左翼運動の破産や、その後の運動に対する受け止めからの落差などが絡んだものでした。この八〇年代頃の集会などであった人たちと比べれば、国連大学前にいた人たちの多くは、年代の開きも経験の違いも遙かに大きいはずにもかかわらず、当時と比べて距離感を感じずに交流できた実感をもったのです。これは、その後、難民運動を通じて現在まで続いていることです。

これは、先に触れたことですが、難民問題の性格が促進した「一体感」にもよるものかもしれません。すでに国連前でジャマルさんと親しくなっていたTさんは、座り込みなどについて親切に説明してくれました。また、この日は帰り際のあいさつだけでしたが、やや風変わりな空気をただよわせていたのがOさんでした。

難民条約加盟国日本の難民迫害

1　日本の難民迫害のいくつかの特質

日本の難民政策は、「難民鎖国」という言葉で、年間一〇人とか二〇人といった実質ゼロに近い難民認定数が指摘されてきました。欧米諸国などの年間数千から万単位の認定数と比べて、難民拒否に等しい数です。

日本に難民がどのくらい入国しているのか、数字で捉えることは今のところ不可能です。というのは、後で触れるように、難民としての庇護希望者の多くが、怖くて難民申請を行えないからです。また、従来の「六十日ルール」（入国して六十日以内に難民申請しなかった者は難民としては認められないというルール）の下では、手続きを行えないうちに期限を逃した人も多くいます。しかし、それでも年間数百人が申請を行っていることからも、また、欧米諸国では数千、数万規模の認定者があること（それだけの難民が世界で庇護を求めていること）を見ても、日本にあっても、申請者の何倍もの人々が庇護を求めて入国していることは間違いありません。

しかし、この数字は、まだ日本の難民がおかれた位置を適切に表わすものではありません。それに加えて、見落とすことの出来ない大きい特徴があります

それは第一に、日本は、難民条約加盟によって、国外に対して難民を庇護する国であるように装って難民を誘い入れ、ひとたび入国した難民に対しては、犯罪者扱いし、収容し、送還するといった「だまし討ち迫害」「追い打ち迫害」を行っていることです。

第二に、日本に逃れてきた難民の多くは、収容や送還など庇護を受けるどころではない虐待状態におかれますが、運良く「救済」される難民も、また独特の構造におかれます。すなわち、年間一〇人、二〇人程度＝実質ゼロに近い正規の難民認定者を除けば、法務大臣や入管当局の「恩恵」、ある

難民申請・認定状況／世界との比較

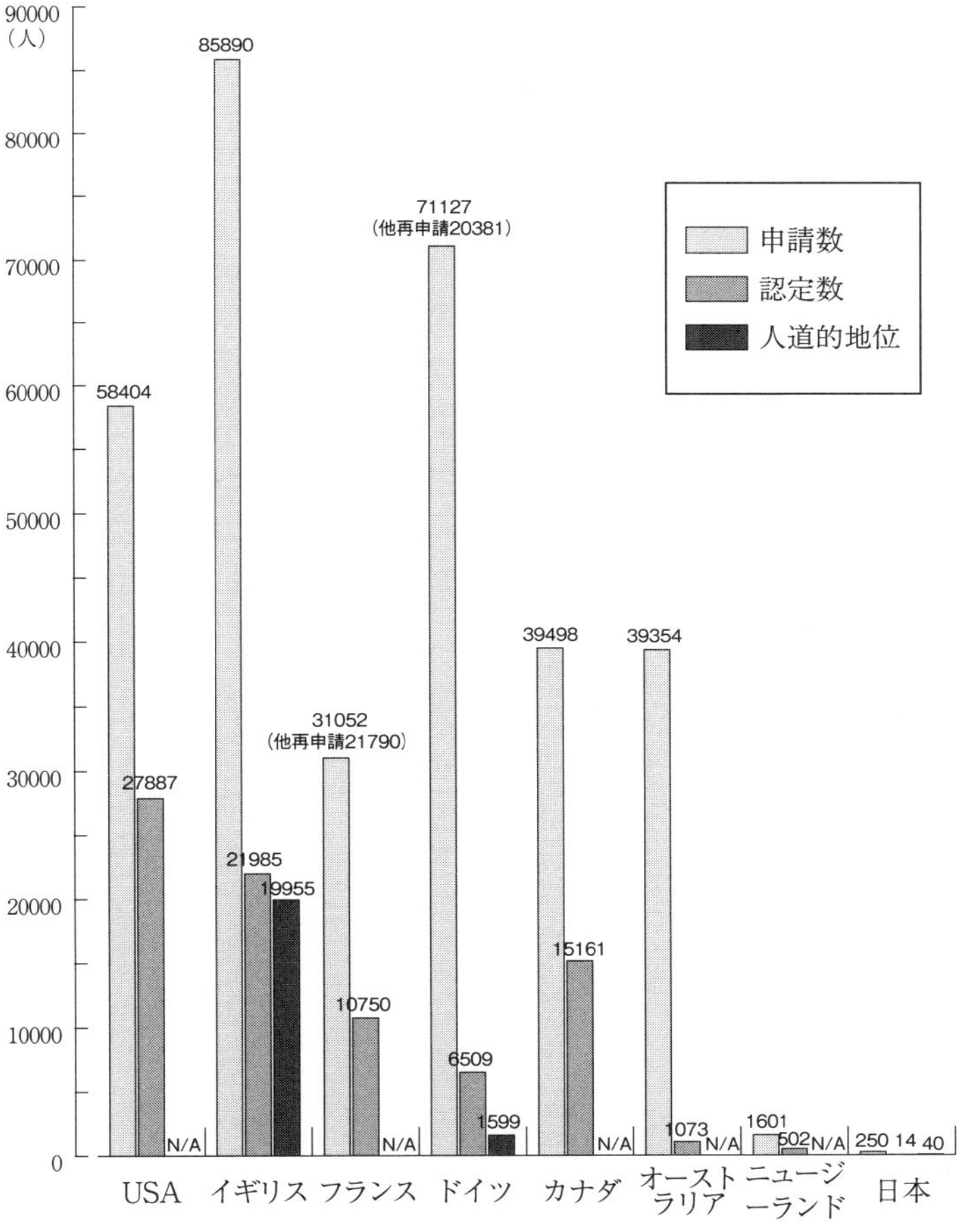

出典）難民支援協力のパンフより、
2002UNHCR POPURATION ATATISTICS、ニュージーランドのみ2001年度版使用

いは、不確定な状態（UNHCRのマンデート、再申請、オーバーステイが見逃されている状態、など）で「救済」されているということです。

この正規難民認定の異様な少なさと、それよりは多い「救済」が、恩恵などの「あいまい」な条件に委ねられること……日本で難民が生き延びるためにおかれる、この構造が、今回のクルド人難民二家族による国連前座り込み、焼身自殺の試みといった（日本人から見れば）予想外の行動を生み出す条件になっていました。

(1)　表向き門戸を開いて難民を誘い入れていること

第一に、日本が難民条約に加盟しているので、国外から見ると、条約に基づき難民を庇護する国に見えることです。つまり、実質、難民を拒否しているにもかかわらず、難民を受け入れるポーズを世界に対して取っていることです。その結果、国際水準での当然の庇護を期待して日本に入国した難民が、入国後に、この現実に直面することになります。難民拒否を世界に公言しているならば、難民は日本に来ることを避けるだけで済みます。しかし、少なくない難民が、日本に入国した後、この事実を知るのですが、そのときは、後戻りはできなくなっています。

この間、難民認定ゼロに近い日本の難民政策を「難民鎖国」と呼ぶ批判が広まっています。この認識が普及することは良いことだと思います。――しかし同時に、これでは割り切れないものも感じていました。

そのとき、次の文に出会いました。

渋谷望さんは、『図書新聞』掲載のジャマルさんについて書いた一文の中で次のように述べています。

「一九八一年に日本は難民条約を批准した。だがそれはアメリカの圧力によりインドシナ難民を受け入れるためといわれている。日本は国際社会の仲間入りをアピールしたい。丹下健三設計の立派なビルを国連に提供もした。しかし本物の難民はお断り。これが日本のホンネだ。だったら最初から民主主義を僭称しなければいい。難民申請者は日本は自由と民主主義の国だというこのイメージ戦略を信じてやって来るのだから（彼らの中には認定を拒否され故郷で殺された者もいる）。この事実を暴く者は誰かにとって都合が悪いのだ」

日本政府は難民条約を守って「難民鎖国」状態を終わらせよ、というのは正当な要求です。しかし同時に、難民を受け入れられないなら難民条約加盟という欺瞞《ぎまん》をやめよ、という主張は、また、正当な怒りの表明であり、重要な核心をつくものと思いました。

(2)「間違って」日本に入国した難民を取り押さえ、がんじがらめにして、しばしば、迫害国に手縄をつけて送り返していること

第二に、日本を見誤って入国した庇護希望者に対して、日本が難民を受け入れにくい事実を伝えて、無駄足をさせた労をお詫びして別の難民条約国に送り出すということなら、難民の手間と時間を無駄にさせたという位で済む話です。日本政府・法務省に、社会生活や恥についての小学生レベルの常識

でもあれば、この程度のことを――すなわち「実は日本は難民条約で体裁を繕(つくろ)わなければならない事情があって難民受け入れを公言しているが、本当は受け入れは出来ないので、申し訳ないが第三国に行っていただきたい。手続きや費用は保証するので、それ以上は勘弁してほしい」とお詫びして退去していただくのが当然のことでしょう。

ところが、日本が行っているのは、難民を受け入れると世界に扉を開いて、入ってきた者については、年間一〇人、二〇人の認定者や、後で触れる「人道的救済」のわずかの人たちを除き、「二重の」犯罪者・重罪者としてあつかい、迫害の危険がある本国に強制送還するなどの迫害を続けることです。これはだまし討ち迫害の暴挙という他はありません。

審査自体、入国を管理する入管当局が行う審査で、これは、裁判を検察官だけで行うに等しいものです。この審査は、裁判での日本人の被告以上に、言葉や実状認識がなく防御手段がない入国者を、「検察」の側から、つまり難民でないことを「証明する」あら探しをする作業となっています。ここで、難民申請者は精神的に追い込まれます。

しかも、万が一、出身国でのその難民の迫害危険度が低かったという場合ですら、日本から強制送還されることによって、当該政府・当局に「危険人物」として自覚され、迫害や処刑の危険が著しく増大することは当然です。本当に許し難い迫害者への荷担であり、迫害の加重です。

そして、こうした処遇の中で、難民を期限不明の長期収容状態におくことが通例になっています。その結果、日本人の重罪犯以上の拘禁の恐怖・絶望に縛り付けられて心身を破壊される難民が後を絶たない状況です。これは、もはや犯罪的な虐待です。

(3) 針の穴を通るような難民認定獲得と　その他多くの入国者にとっての「灰色」「ファジー」な救済条件

第三に、日本を訪れた難民にとって、迫害をのがれるための選択肢は非常にきびしいものです。それは、正規の難民認定を受ける針の穴のような道か、法務省の恩恵・裁量や、その他、確実とは言えない「あいまい」「灰色」な方策での迫害回避か、の二つの道になります。そして、この選択がことのほか難民にとって過酷なのは、しばしば、それが二律背反的になり、それぞれを追求するというわけには行かないことです。

正規の難民認定を求めることは、自分が迫害されていること、出身国の政府と何らかの対立をもつことを明らかにして、それを理由に庇護を求めることを意味します。こうした要求を行うことは、当局に、個人情報をつかまれ、注意を引くことを意味します。また、申請が却下されて裁判などを行うことは、より以上に当該国大使館・領事館などに情報をつかまれる余地をつくり（かれらは裁判所に出向いて張り出された裁判情報を読むことが可能です）、さらに、裁判を行うものは当局に逆らう者としてより注意の対象になる可能性が高いのです。その結果、オーバーステイとして身を潜めて（不安定であれ）生活する条件を失い、当局ににらまれれば在留特別許可の条件も厳しくなるなど、危険を増大させる結果になります。

そして何より、申請者の一％も認定されない現実は、難民性を正当に主張しても認定されず却下される可能性の大きさを意味しています。認定却下は、当局が難民ではないと断定した意味を持つので、収容や強制送還に直結します。すなわち難民申請は「寝た子を起こす」危険があるので、難民問題を知る少なくない人たちが、庇護希望者に申請を出さないことを勧めざるを得ない状況なのです。難民庇護の当たり前の入り口である難民申請すら、出してよいのかどうか、その前で逡巡《しゅんじゅん》し、懊悩《おうのう》せざるを得ないのが、日本に来た難民のおかれた過酷な現実の一端です。

このような状況で生きた心地のしない人々がどれほどいるのか、統計でつかむことは不可能です。また、それを知られることに恐れおののかざるを得ないこの人たちは、周辺の人にも、容易にそのことを明かせないで苦悩し続けているはずです。

(4)　カスミを食べて難民認定や救済措置を求めなければならないこと。

難民条約によって日本に「誘い込まれた」難民は、(多くは短期の滞在ビザが切れたとたんに)、まず、不法滞在者として罪人あつかいになります。それも、しばしば長期収容に直結する重罪人扱いです。

私は、他のところで、日本の、何十万人ものオーバーステイ労働者を生み出している現状は、半ば意図された労働政策であると批判してきました。外国人労働者の多くを不安定な地位におくことで、劣悪な労働条件を強い、経営者や政府に都合の悪い要求をする者を、いつでも送還できる状態においておくためです。日本は、こうした人たちが底辺で過酷な労働を行うことによって、一時の繁栄も、現状も維持してきた側面があるのです。

月収五万円前後で「研修」と称した過酷な長時間労働を強いられている外国人労働者の例はいくつも聞いています。また、私は、フィリピンの空港で、未払い賃金を要求したとたんに日本から送還されたといって、労働団体（BMP）メンバーに泣かんばかりに訴えている人にあったこともあります。そのBMPメンバーは、これは少しも珍しくない例だと述べていました。

したがって、オーバーステイ労働者を重罪人のごとく長期、不定期収容の対象とすること自体が不当です。

しかし、この点は一応別の論点とするにしても、難民申請者が、難民認定を得るまでは（それが極少数であることをおくとして）すべて犯罪者扱いで、就労を許されないという日本の制度は、「あいまい」で制度として成立していません。就労禁止は、裁判中や再申請中で仮放免で出所している人たちも同様です。入管職員も、生身の人間がカスミを食べては生きられないことくらいは知っているので、月一回の出頭日などに、働いていることを前提とした雑談などしてくることもあるそうですが、しかし、この就労を、いつでも仮放免取り消しの口実にも使えるのです。

こうして、難民は、申請中、再申請中なども生活を脅かされ続け、防御手段を制限されるのです。国連大学前を訪問した初日に強調された「政府の生活保障など要らないから就労のビザを」というクルド二家族の悲痛な要求は、今も生々しく記憶に残っています。

——以上、(1)～(4)は、日本の難民迫害のほんの一部です。

しかし、一人一人の難民にとっては、このそれぞれの面によって、生死を分けられ、日々、その不安の中に生活しているのです。

たとえば、ジャマルさんは、国連大学前での抗議の際に、現在「全治三日間の障害」を与えたという罪状で裁判中です。「全治三日間」とは、これ以上軽い症例は（これまで）ないと担当医師が述べているもので（外見の症状がなく、本人が触れると痛いと言うという以外の症状がないもの）、判決も、罰金か有期刑の執行猶予かのどちらかなはずです（一九六頁で述べますが、懲役六カ月、執行猶予三年の判決をうけました）。

ところで、このどちらが重いのか、日本人にとっては判別しにくいだけでなく、弁護士によれば、日本人の被告は、形式上はより重罪である後者＝有期刑執行猶予を望むと言うことです（支払いがないので）。ところが、ジャマルさんの場合は、この軽重が、もしかすると、強制送還の存否を分け、生死を分けるかもしれないのです。日本人にとって、なんともない問題が、日本の難民にとって生死を分けることが珍しくないという状況が、日本の難民のおかれた状況を象徴しています。

2　「罠」をはって難民を誘い込む国＝日本

迫害によって国外への逃亡者を生み出す国にとっては、国を脱出したその人たちが、到着した先の国で難民と認定されること自体が、迫害の認定を意味するので、出身国への批判を意味します。くわえて、出国した難民が、国外で自国を批判する活動を行うことも広く行われています。難民が、世界に受け入れられ、広く活動することは、難民を生み出すような抑圧をおこなう国家への圧力となり、チェック機能の意味も持ちます。

人権運動の蓄積とともに、また、東西冷戦などいろいろな条件がからんできたとはいえ、事実として、欧米などで、多くの難民が受け入れられ、生活・活動している現状は、専制的国家などにとって都合の悪いものです。

しかし、そのときに、難民条約加盟の経済大国として、庇護希望者に多大な期待をもたせ、難民をおびき寄せながら、難民と認定せず、犯罪人としてがんじがらめにし、監視して活動を押さえ込み、あるいは情報提供や収容・送還をしてくれる国があるならば、迫害当事国にとっては、この上なくありがたいことに違いありません。自分たちの専制政府に逆らう者は、国内であろうと国外であろうとこのような目に会うのだと恐怖を与え、見せしめに出来るので、強権支配の維持に大変都合の良いことです。

日本が難民条約に加盟して、現に行っているのはこのことなのです。

一言でいえば、日本は、罠を張って難民を捕らえ、やりたい放題の抑圧・虐待を加えている国です。難民を生み出す（何らかの）専制的、抑圧的な国家にとって、単に難民を拒むだけの国よりも、さらに好都合な存在です。日本は、トルコで暴露された例を含めて、これら抑圧的な諸国と共謀して難民を迫害している点で、これら諸国とまったく同レベルの国です。あるいは、より経済力を持つ強国であるだけに、その犯罪性も桁違いに大きく、より悪いかもしれません。

たしかに、日本のこの「罠」は、はじめからこのような目的で系統的につくられたものではないかもしれません。しかし、この体制が、ある利益を形成するにつれて、今では、この役割を手放せない（手放したくない）と考えている者が、政府やその周囲に広範に形成されているはずです。

一九八一年に難民条約に加盟して以降、日本は、難民発生国家にとってありがたいこのような機能を発揮し続けてきました。その結果、こうした日本の「難民だまし討ち迫害」の役割を前提にした日本と難民発生国との外交関係が、水面下で様々に成長し、張り巡らされてきたことは間違いありません。これは、難民を生んだ国にとってありがたいだけでなく、また日本にとっては、それら諸国に恩を売り、外交カードにしたり見返りを求めたりする様々な利益、国益の源泉となっています。

入管職員二名がわざわざトルコに出向き、トルコ国籍クルド人の難民申請者の親族の家に違法に押し入ることまでして共謀調査を行った行為は（これだけ見れば、何という手間をかけて、とさえ思える行為は）、日本―トルコ当局間の異様に親密な仲を濃厚ににおわせるものです。これは、長年にわたって、日本が、トルコ政府によるクルド抑圧への良き理解者となり、陰に陽に協力して積み重ねられてきた「うるわしい友好」の土台があって実行したことで、けっして突然の思いつきで今回だけ行われたものでないことは充分に推察できることです。

今回の、カザンキラン家二名の強制送還や、送還後の行方不明者が幾人も出ていて、誰が見ても迫害の危険が明白なイランへの強制送還が多く行われていることをはじめ、日本の難民迫害は常軌を逸《いっ》するものに見えます。多くの人たちが自殺を試みるまでに追い込まれ、あるいは（どこか第三国への退去強制だけでなく）、わざわざ迫害国に送り返されるような残虐な処遇が日常行われています。これらは、「難民条約違反」「人権感覚のあまりの欠如」「国際標準への無理解」などと批判を浴びているもので、こうした批判ももちろん一面であたっています。――しかし、これほどまでの迫害は、単に入管当局の人権意識の欠如などにとどまらない強力な理由があり、日本の国益がかかっている自覚的行為であることも見落としてはならない一面と思います。

世界には、多くの国が行うことは出来ないが、一国ないし特定国だけが行える特殊な役割というものが存在します。税制上の特別優遇を行って金融や貿易を誘致するいわゆる「タックス・ヘイブン」はその一例ですが、より顕著なものにスイスの金融制度がありました。ここに預ければどのような後ろ暗い資金であれ守秘が保証されるという特別の「信頼」をつくることで、近年まで長らく他の国にない位置と利益を獲得してきました。これは合法非合法すれすれの怪しげなものであるにもかかわらず、それを必要とする有産者も世界各地にいるために、スイスのこの制度は、世界から黙認され存続を続けたのです。――私は、難民をおびき寄せ、だまし討ちで捕まえ、収容し送り返す日本の難民制度は、残念ながら、今や、世界の中で、こうした特別のポジション＝恥ずべきポジションを獲得していると思います。

そのため、その変革は容易でないかもしれません。しかし同時に、日本も、国際化や少子化など社会変動の中で、難民や外国人労働者について、これまで通りには進めないところに来ています。その再編を、難民や外国人労働者を迎え入れ対等に暮らすことが出来る社会に向けて進めるのか、反対に、より強い統制下で、差別的・排外主義的な社会として迎え入れるのか……おそらく、このせめぎ合いが、これから重大な位置を持ってくるはずです。

日本を訪れた難民の人たちに対してだけでなく、世界の難民の人々に対してもこの上なく恥ずかしいこうした日本の現状の変革を、国連大学前座り込みも一つの契機にしながら、さらに押し進めなければならないと思います。

クルド人二家族、ジャマルさんの活動と日本の難民政策、難民運動

1　日本の難民政策と難民防衛・難民運動の「二つの運動」

前にも述べたように、日本に庇護を求めて来た人たちが、日本で、強制送還や長期収容などの迫害を免れるためには、①針の穴を通るような正規の難民認定獲得か、②「ファジー」「あいまい」領域での（不安定ながらの）方法か――この二つの選択を、難民申請に始まる様々な段階できびしく突きつけられます。

この①②の間に位置するのが在留特別許可ですが、これも運の良い人が得られるだけです。これは、獲得できればある程度の安定を得られるものの、難民性＝祖国での迫害とは関係ない基準による「恩恵」なので、迫害の危険が高い人が得られるとは限らないものです。

こうした日本で難民がおかれた過酷な状況が、日本の難民防衛・救済のための「二つの運動」「二つの道」を生み出す条件となっています。

第一は、「正攻法」で難民認定を求める方向です。

第二は、「正攻法」の可能性があまりに小さく、難民性を正当に主張しても認められる可能性があまりに小さいので、正攻法をとらずに迫害を回避する様々な方策を講じることです。これは難民申請を出さずに「身を潜めて」生活することから、再申請やマンデート、第三国出国など様々な方策で迫害回避を追求する際も、秘匿《ひとく》を重視したり、当局への刺激を避けるなどの方策を講じながら、防御して行く性格をもつものです。

このどちらも不可欠で重要です。

――〇四年に、クルド二家族やジャマルさんが進めた運動は、第一の性格を強く持つものですが、そのことによって、難民運動のこの二つの面を照らし出しています。

「正攻法」の性格は、ジャマルさんの方が、まだ裁判が一審段階であるために、より明瞭に出ています。ジャマルさんは、難民認定を却下され、その不認定取り消し（および退去強制取り消し）を求める裁判に入って以後も、イラン政府を批判する活動を、イラン大使館への抗議行動を含めて公然と継続しました。ジャマルさんは、そのことによって、イランに返されれば迫害の危険があることがより明瞭になり、難民認定に近づくものと捉えています。これは難民条約の理念から見ればまったくの正論です。そして実際に再申請の有利な条件になっています。

しかし、難民認定獲得に至らず、仮にイランに送還されることになれば、この公然化によって、ジャマルさんに対する迫害や処刑の危険は増大します。そして、在日外国人が反政府的な政治活動を行うことは、法務省・入管当局の不興を買い、不認定の場合の長期収容や、報復的な送還の可能性を高めるのではないか、とは、多くの難民や支援者が感じてきていることで、おそらく当たっています。

あれこれ重箱の隅をつついて難癖を付けたり、不可能な「物証」を求めて、それがなければ認定できないなどと平然ということができる法務省・入管や司法当局を相手にしては、難民認定に接近するための正規の方法は、同時に、迫害の危険を著しく高めます。この状況下でジャマルさんは、あえて正攻法で徹底して押して行く方策を採りました。

クルド人二家族は、日本の当局、司法に絶望し、UNHCRにマンデートと第三国出国を求めました。UNHCRは、難民条約加盟国にあって、その国が条約を履行しているかどうかを監視する機関で、条約違反によって庇護を受けられない難民がいる場合に、その救済を任務とするはずです。日本の法務省から難民認定を受けられない難民にとって、UNHCRの難民認定（マンデート）は、かつて強力な支えになったようです。

国連大学前での座り込みは、正確には家族総ぐるみでの「移住」というべきものです。クルド人二家族にとって、「外部」の社会に戻れば、いつでも、収容や送還の危険に直面します。しかも、国連大学前座り込みの公然化という行動によって、座り込みが解かれるならば、その危険はより高くなる条件さえ生まれたと思われます。

そのため、この行動は、ＵＮＨＣＲへの庇護の要請として「正攻法」であっても、それは、「退路を断つ」決意を持ってしかできないものでした。家族総ぐるみ、長期座り込み、という形をクルド二家族が取らざるを得なかったこと、そして、国連大学前排除の通告に接して、絶望し焼身自殺を試みるまでに至ったことは、クルド二家族がおかれたこうした状況からもたらされています。

国連大学前からの撤退後、マンデート取得にもかかわらず、カザンキラン家の二人が突如強制送還されたことは、「一般社会」に戻った後への危惧が杞憂《きゆう》ではなかったことを示すものです。

クルド二家族やジャマルさんの活動は、難民問題にとって、従来あまり踏み込んでいない側面を切り開きました。その公然活動によって、難民問題への関心や認識を広め、支援者や署名を広め、正規の難民庇護領域を拡大しなければならない、という認識を実践的に広めています。

ＵＮＨＣＲとの関係では、攻撃、非難面が先行したという批判があり、これは当たっていると思います。しかし、ＵＮＨＣＲは、ジャマルさんやクルド二家族の活動によって、難民運動におけるその存在の大きさを明らかにし、難民にとっても、ＵＮＨＣＲにとっても、難民庇護への役割を活用する多くの材料を提供されることにもなっています。

しかし、今の日本の制度・政策の下では、「正攻法」は、針の穴を通すような闘いです。多くの難民にとって、その条件もなく、あるいは、それを選択できないことも当然です。そのため、それぞれの難民を防衛する活動は、その大半を、「ファジー」「あいまい」領域での、たとえば難民申請自体を回避する「非正規」の方策や、公判、再申請、マンデート、第三国出国などの組み合わせ、概して秘匿による個々の難民防衛などの方法を駆使することによって、生活どころか生命を防衛するギリギリの活動を行うことが強いられます。これは、しばしばもつれた糸玉の中を進むような、あるいは、樹海の中を進むような作業ですが、これまでも、現在も、その膨大な積み重ねによって、一定程度、難民の救済を拡大してきたというのが実状です。難民自身や支援者にとって、このような「地を這う」活動への膨大なエネルギーが要求されることも、難民運動の避けられない現実です。

2　「二つの運動」の相互理解を

〇四年の国連大学前座り込みやジャマルさんの活動を経て、今必要なことは、こうした「ファジー」領域をめぐる従来からの難民運動と、クルド人二家族、ジャマルさんの公然活動との双方の運動性格について、どちらも、日本の難民政策に強いられた必要な運動であることを理解することと、その双方が、表面上、乖離《かいり》し、並行するような性格を持ったとしても、それもまた、現在の難民政策に根を持つものであることを踏まえることにあると思います。

両者の提携、連帯は重要・不可欠です。

その土台は、互いに、相手を（あるいは一般に異なる立場の人たちを）尊重する姿勢ですが、さらに、それを確かなものにする裏付けは、この違いの基礎にある日本の難民政策の特殊で過酷な性格の理解にあります。その理解をもとに、それぞれ、相手側の運動の存在意義を理解し尊重することが重要です。

ただし、連帯という場合に、どちらかへの画一化として考えることはもちろん、直接の一体化を考えることも、ときに適切とはいえないものです。直接の一体化を想定する考え方は、それを満たさない面を減点法的に批判・非難する傾向に陥りやすくなります。むしろ、日本の難民問題の状況による両者のある程度の乖離を前提に、提携、協力できる領域が少しでも増え、加算されて行く要素を見落とさず、それを評価し、成長させるプラス思考で捉えることが不可欠と思います。

ジャマルさんやクルド二家族の、いわば「正攻法」の公然運動は、ほとんど経験のない領域で、欠陥だらけであってむしろ当然です。他方、「ファジー」「あいまい」領域での難民防衛を強いられる従来からの運動は、各局面で多くの妥協や紆余曲折する状況判断の中での防衛を必要とします。――それぞれこうした状況なので、互いに欠陥を探して非難し合うことは、少しも難しいことではありません。しかし、それは、難民運動を引き戻すものにしかならないでしょう。

この両者の位置を、自ら、あるいは相互に踏まえた上で、その欠陥の点検と、それによる教訓化を積極的に行わなければならないものです。

私自身、ジャマルさん支援運動に参加し、国連前ではジャマルさんと多くの時間をともにしながら、ジャマルさんの傷害容疑での逮捕を許すという重大な責任を負っています。こうした問題をあいまいにすべきではありません。

クルド人二家族やジャマルさんが身をもって押し進めた国連大学前座り込みの成果とともに、それだけでなく、その弱点や欠陥も切開し、これからの難民運動のための蓄積とするためにも、厳格な点検は不可欠です。……ただ、その点検を、減点法的なもの、相互非難の消耗なものにしないためにこそ、難民運動の二つの運動性格が並存を強いられること、その基本的な理由への相互の証人が重要であると考えています。

送還されたアフメットさん、ラマザンさんの安全、カザンキラン家の合流、クルド人二家族の安全とジャマルさんの難民認定を、なんとしても実現しなければなりません。

また、すべての難民、外国人労働者への不当きわまる迫害をやめさせなければなりません。

そのための人々の輪が広がることを願っています。

第三章　ニューカン、ニンゲンニナリナサイ！

ジャマル・サーベリ

ジャマルさんは、イラン出身の青年です。

難民とは、出身国に帰国すれば政治的、宗教的、民族的その他の理由で迫害される危険にある人たちです。難民には、当該国を迫害されて逃れてきた人がいます。また、国外に出た後に、出身国の社会状況が変化したり、国外での活動によって、帰国すれば迫害される条件が生まれた人たち＝「後発難民」がいます。ジャマルさんの難民性は、この「後発難民」にあたります。

イランでは、政府批判や、反政府組織参加だけで、投獄は当然で、処刑も珍しくない状態です。また、国外のイラン人を監視し、かつては体制を批判する国外イラン人の暗殺まで行っています。

ジャマルさんは、日本に来て以後、在日外国人労働者の権利を守る組合活動をおこない、イラン現政権を転換を目指すイランの反体制政党ＷＰＩ（＝イラン労働者共産党）に加盟して、イラン政府への批判をおこなってきました。そのため、帰国すれば、迫害にさらされる危険は明らかです。

ジャマルさんは、〇一年に難民申請し、〇三年に却下され、退去強制令書によって収容されました。それに対して、ジャマルさんは、難民不認定取り消しと退去強制令書取り消しを求める訴訟を起こし、その原告として、現在、東京地裁で裁判中です。

こうした難民裁判では、勝訴しても、原告が裁判中に強制送還されて、出身国で処刑されるなど迫害されてしまえば、勝訴の意味がなくなります（＝原状回復困難）。そのため、原告が、裁判終了までの送還執行停止を申し立て、普通は認められます。これは「判決」とは違う「決定」です。収容も、多大な肉体的・社会的損害をともなうので原状回復困難と考えるのが当然ですが、収容の執行停止は大半は却下されています。しかし、ジャマルさんは、東京地裁第三部で、「難民の相当程度の蓋然性がある」として送還と収容の執行停止の決定を獲得し、〇四年四月に収容所から解放されました（なお、これは、東京地裁の中で、人権意識が高いといわれる「民事第三部」の決定です。普通の人から見ればあたりまえの決定に見えますが、今の裁判所では、数少ない優れた決定でした。反対に言えば、ジャマルさんと同様に、はっきりした難民性をもちながら、別の裁判官にかかったために、難民性をまったく認められず、収容執行停止の決定も得られないない多くの人たちがいます）。

釈放されたジャマルさんは、国連大学前の座り込みに合流しました。しかし、難民性をめぐる論議にふれもしない高裁決定で収容執行停止が取り消されました。そして、〇四年九月に、国連大学前で、警備員に「全治三日間の傷害」を与えたとして逮捕・起訴され、〇五年三月に懲役六カ月、執行猶予三年の判決を受けました。「全治三日間」というのは、外傷・外見一切なく、さわると痛いと言うだけの最も軽い診断です（その医師は「全治一日」「二日」などと診断したことはないと証言しました）。弁護士は、こんな軽傷での起訴は経験がないと言っていますが、日本人であれば、起訴されない軽微な「傷害」でジャマルさんは有罪にされました。これは、今後、ジャマルさんにとって、強制送還の危険を増し、仮放免を困難にするなど、深刻なマイナス要因となってゆくものです。刑事裁判が終わり、ジャマルさんは、東京拘置所から牛久の収容所に移されました。

ジャマルさんは、難民認定をめぐる裁判で勝訴することをめざしていますが、日本での難民認定の条件は著しく狭く、並行して、第三国出国の可能性も探っているところです。

（伊藤一）

国連大学前座り込みを知る

七月二十一日か二十二日だったと思います。

朝早くから支援会の仲間の方からメールが入ってきていました。クルド人難民二家族が国連大学前で十三日から座り込みを始めていて、そのうちの二人はハンガーストライキに入っていますと。私にとって、これは大ニュースでした。しかし自分としては彼らのハンストには賛成ではありませんでした。

ともかく、この事を含めて、座り込みに対しての感想を仲間にメールで送り、すぐに国連大学前を目指しました。夏の暑い日でした。十一時過ぎには目的地に着きました。思った通り、建物の出入口を、顔見知りのクルド人らが塞いでいました。出迎えてくれたのは、カザンキラン、ドーガンさんらでした。カザンキランさんの顔には、嬉しそうな一面と、来るのが遅いんじゃないのかという、他面も重ねて見ることができました。そして、そのままの気持ちを口にしてくれました。彼のその気持ちは痛いほど良く分かりました。六人の家族の父親でありながら、他四人の（内二歳と五歳）の命の責任を背負って、こんなところへ引っ張って行きました。誰であれその重みを感じ、彼に同感したでしょう！

まだまだ私にとって、カザンキランさんをもっと知るようになるまで、たくさんの時間はありました。あとあとになって、彼からこんな話を聞かされました。「私は自分の家内や子どもたち、あるいはドーガンさんらを含めて、誰一人でも無理やりにここへ引っ張り、そして今、無理やり彼らをここに縛っておいているわけではない。彼らは自分の意思でここに居てくれているので、ここに居るのをやめて、家に帰るのも、皆一人一人の自由です」と。カザンキランさん本人と初めて会ったとき、思いもしなかったようなとても良いことを言っているな、と確信しました。

結局、カザンキラン、ドーガンさんらと話は進み、自分としては座り込みに付いての情報は今朝、耳に入ったばかりですと伝え、そして、彼らのハンガーストライキについて聞きました。良いことに、彼らは昨日から一週間やったハンストを止めていました。私なりの意見も、お二人に伝えたところ、やはり同じ思いでした。

クルド人難民との出会い

基本的に、私がクルド人難民のことを知るきっかけは、牛久収容所（入管）に入った時からでした。それは、収容所に入って大体三カ月目にして少しずつ情報は耳に入ってはきましたが、そんなに詳しい話はなかなか得られませんでした。確か一度だけ収容所内からクルド友好協会に電話しましたが、あまり良い感じは受けませんでした。でも、出られたら、ぜひ一度は彼らと会ってみようと、ずっと思っていました。

トルコのクルド人難民らと初めて会ったのは二〇〇四年の六月十八日（金曜日）、国際難民デー（二十日）前の時でした。アムネスティの呼び掛けにより、筑波大学の四人組の学生らを中心にデモ抗議をやる予定になっていました。この情報を私は「牛久収容所問題を考える会」から得ていましたが、後になってもう一人の知人から別の話を聞かされました。実際に、アムネスティとして今年の難民デーをもっと派手にやる予定だったらしいのだが、どうやら大変な事になるのではないかなと、いろいろと注意を受けていたため、予定は変更せざるをえなかったようです。本当は警察の話も出ていたらしいのだが、とりあえず事実を確かめようとアムネスティの〝Y〟さんに問い合わせましたが、口は堅くはっきりした情報は得られませんでした。でも基本的に最初の情報について正しいと言う確率は高いと思いました。

二〇〇四年の二月十七日（火）から法務省のホームページで開始されていた〝外国人密告電子メール〟に対してアムネスティはものすごく反対し、それをなくすために動き出し、様々な外国人労働組合やそれらの応援の組織・団体と一緒になって抗議を強めていました。これら集

法務省に抗議するジャマルさん

会には私も何度も出席してアピールしていました。

六月十八日には予定通り午前十時頃、私と自分の支援会のメンバー何人かと一緒に東京入管前に行きました。三〇〜四〇人程度の難民、ミャンマー、クルド、中国そしてイラン人でほか数名の日本人サポーターが集まっていました。途中で小柄な男性がマイクを手にとって、〝ニューカン、ニンゲンニナリナサイ！〟〝ナンミンハ、ハンザイシャ・ムシ（虫）ジャナイ！〟と言うスローガンを叫んでいました。これはのちのカザンキランさんでしたが、当時私は彼の面白い（単純でダイレクトなスローガン）言葉に微笑んでいました。

他三姉妹（ゼリハ、ハティジェとメルジャン）そしてドーガンさんにも会いとても盛り上がった集会になっていました。午後からは品川駅前でビラまき、宣伝と署名集めの予定だったクルド難民らはどこかへ行ってしまい、あまり話す機会はありませんでした。

六月二十日を記念に、ＪＩＣＡが主催者で難民らのサッカー大会が予定されていました。私は他のイラン人難民らと一緒にこの大会に出ることになりました（チームとして）。難民デーのサッカー大会をめどに毎週、高田馬場の駅の近くの公園で他のミャンマー、イラン、クルド、日本人等と混ぜ合わせて練習することになっていました。一気に二〇〜三〇人の若いクルド人サッカー選手と一緒の集まりでした。その中でミャンマー人やクルド人ら何人かと一緒に牛久収容所にいた人たちと再会出来ました。そしてカザンキランさんの長男ラマザンや他の人々に会うことになりました。そしてサッカー大会当日は少なくとも五〇人余りのクルド人難民らが集まりました。

難民問題について議論をはじめる

ともあれ、これらのチャンスはあったにもかかわらずお互いに本題のこと、つまり難民問題、日本法務省入管の難民体制について話すことにはなりませんでした。これらについてようやく話せることになったきっかけは、大変な所、国連大前、そして座り込みの最中でした。私自身は〇四年四月十五日に、地方裁判所から相当程度の難民の蓋然性がある、と判定が下され、牛久収容所から一時保釈されていたが、入管側の高裁への抗告によっていつ新たに再収容されるのかはわかりませんでした。基本的に再収容されることはほぼ間違いありませんでした（弁護士の意見）。

　こんな話を収容所から出たばかりの私はとても納得できず受け入れられませんでした。自分はだいたい半年の間で入管収容所内で見てきた様々な差別、非人道的な、犯罪者の

アムネスティ人権パレード（04年12月）

ような、入管職員の取り扱いに対する怒りを含めて他の難民と一緒になってなにか出来るのではないのかなと思っていました。自分としては必ずしも座り込み行動をやろうかなとまだ決めていませんでした。他に何をやる予定だったかと言いますとまだ検討中でしたが、結局、難民として何らかの行動を起こすつもりであれば、やはり第一は国連（ＵＮＨＣＲ）を中心にやるべきではないのかなと考えていました。

何度かカザンキランさんらと国連大学前で会い、いろいろと彼らの話を聞いてみますと、やはりお互い同じ問題を抱えていました。つまり、たとえ難民はいくら同じ国の人間であっても必ずしも同じ考えとか問題解決について同じ意見だとは決して限らない。自分の意見としてはやはり政治的な意見等を別にしてとりあえずお互い難民であることを中心に考え、その解決方法として日本社会にアピールするために共に力を合わせた形で表に出てやるしかないのかな、と確信を持っていました。

一応この考えをもって他のイラン人難民らとも連絡をとったのですが……。数カ月後、彼らは次々再収容されてしまいました。こんな状況の中でカザンキランさんの話は耳に入ってきました。そして自分の意見と彼らの間の意見は根本的な所で十分に合うのではないかなと、次々と見て聞いて思うようになりました。〝どこの国の難民でもようこそ！〟〝難民らは奴隷ではない！〟〝我々には正義を！〟等々。もちろん他の難民らは表に、社会に出てアピールや活動しない理屈についてわからないわけでもないのですが、ここ日本社会ですとまだまだ難民らはそんなに自分を公表して活動しないかもしれないが、ヨーロッパ、アメリカ等だとまた全く日本と状況は変わってきます（違っています）。ともあれ我々の間でだんだんと行動を共にする動機はそろってくるようでした。

座り込み合流への考えと準備

しかし私にとってまだ他の部分も検討し、あるいは自分なりの準備をしなければなりませんでした（合流するため）。さて自分の事情はなかったり、もしくは、準備はできていなければどうしたのかって聞く人もいるはずですが、私自身は自分の事情はなんであれ、この二家族を支持したことに間違いありませんでした。「難民条約は人権です。人権を守れ！」という私のスローガンを最初から壁に貼りました。二家族、内女性五人、子どもは二歳と五歳、計一二人。誰がどう見ても彼らは追い詰められたからあんなところに出て来ているのだろう。彼らを応援する気持ちはどうしても持つでしょう！

一日目は、私はカザンキランさん、ドーガンさんの話とそれまでの状況を聞くことにしました。クルド友好協会のN氏はどのようにして最初の日に彼らの座り込み行動を邪魔しようとしたのか。今までUNHCRはどのような態度をとってきたのか。支持者らのことやそれまでやっていたいくつかの記者会見等の話をしました。彼らと話して、最初に印象に残ったのはカザンキランさんもドーガンさんも私よりも日本語はヘタだなと言うことでした！（後になって彼らの使用していた辞書をみたらトルコ語から日本語への訳は間違いだらけでした！　だからカザンキランさんがいつも発言する時〝日本国民〟の代わりに〝きれいな日本民族〟と言っていました）。でも、それにしては新聞記者等によく自分たちの言いたいことを伝えていました。二カ月後に座り込みが終了した頃には二家族全員の日本語の水準はあきらかに変わっていました。

言葉は言葉で別として、もっとも重要なもの、つまりちゃんと成果を上げるための組織やなんらかの共同行動を起こせるか(この力は決して一人のものでは足りない!)。あるいは段階的な予定。カザンキランさんは一〇〇日の座り込みを宣言していました。皆、一人一人とコミュニケーションをとるにはやっぱり言葉は必要でした。私自身はイランのアゼリ語をわかっていましたので、それはトルコ語に似ているところがかなりあって、それをいかして皆と話そうかなと思いました。しかし最初は両言葉の発音の違いや言葉そのものの違いが原因でなかなか上手くお互いの話を理解出来ませんでした。

私は国連大学前を訪れるようになってから二日か三日泊まりで、一度は自分の家に戻っていました。その間現場の情報を毎回メールで自分の支援会や海外(IFIR)に送っていました。座り込みのことをなるべく多くの人に知らせるつもりでした。自分として初めから、まだ座り込みの話を聞いただけで一番に頭に浮かんでいたことは、座り込みをやり出している者たちはどこの国の難民であれ、どんな考え方の人間であれ、これらの話には関係なく、基本的には座り込みは成功しなければならない。あるいはなんらか、良い方向に向かっていかなければならない。今は誰でも知っている通りこれほど難民自らが勇気を出して表に出ることはめったになくて、前にも言ったようにヨーロッパ等と違っていて日本ではほとんど裏の問題として持ち続けるべきだという考え方から、あまり日本社会では知られていませんでした。ですので、それなりに座り込みの最終的な結果は日本社会での難民問題全体に影響を及ぼすに間違いないなと思っていました。二家族は難民申請を出してから長年経っていました。

深刻なところまで追い詰められていたのです。ドーガンさんもカザンキランさんも仕事中に怪我をし、家族の収入に困っていました。どこからも援助を受けられず、誰一人からも手助けされることもありませんでした。それどころか申請から八年間過ぎてもまた再収容される危機に立たされていました（まるで自分の現状と未来、両方を彼らの現実として目の前で見えるようになっていました）。

私の収容と執行停止決定での釈放——再収容に直面する

自分は二〇〇三年十月三十一日、東京入管横浜支部に毎月一回の出頭でいきなり収容されてしまいました。五カ月ぶりにようやく見つけていた仕事や二年位暮らしていた部屋等を失ってしまいました（仕事と仕事仲間にも馴染んだばかりでした）。

五カ月半に及んだ無理矢理の収容所暮らしは、入管職員の初めの言葉〝せっかく来ているので収容します〟から、最後の日の二〇〇四年四月十五日の午後二時過ぎ、スリッパのまま荷物を手渡されて収容所から追い出されるところまで、自分にとっては衝撃的なもの（事件）でした。横浜入管には自分から出頭しているにもかかわらず、重犯罪者のように全裸で体をチェックされました（テレビでよくみられる、第二次世界大戦、ドイツ軍により捕虜やユダヤ人の……映像が目の前を走っていました）。

横浜収容所にはおよそ一カ月間は閉じ込められました。一二畳の部屋には一〇人から一二人の様々な国の人（ペルー、イラン、中国、ベトナム、モンゴル、メキシコ、インド、バングラディシュ等）と一緒に入っていました。小さな収容所に六〇人から七〇人あまり収容されていました。そのなかの二〇人程度は女性（コロンビア、ペルー、フィリピン、中国、タイ等）でした。基本的に二十四時間汚く、腐っていた部屋の中で閉じ込められっぱなしでした。週三回のお風呂のみで運動なんか全くなかった。結局抗議したら、職員には、〝運動場はあるけどめんどくさいから誰も連れていかない……〟と聞かされました。一週間の間で男一人と女一人（心臓麻痺）が体の様子がおかしくなり倒れました。それでも医師やなんかの話は全く出ていませんでした。騒ぎを起こしてからようやく病院へ連れていかれることになりましたが、商店街を手錠をつけられっぱなしで歩かせられました‼

私の釈放は例外的なケースだったと弁護士らは言っていました。私もそう簡単に、短期間でもう一度外（日本社会に）に出られるとはとても思っていませんでした。スリッパのまま牛久収容所を外に出てロビーで信じがたくぼうっとしていました。しかし、喜ぶ時期はそう長く持ちませんでした。二～三日しない内に弁護士から入管の高裁への抗告の話を聞かされて、釈放された喜びの気持ちはどこかへ消えてしまいました。基本的に入管の抗告から高裁の判決が出るまでの期間はだいたい三カ月と言われていました。せっかくあんな地獄から出られたにもかかわらず、もう一度入っていかなければならない……!!!　いったいどういうこと？　なぜ？　もちろんそう思っていたのは私だけではなかった。弁護士らを含めて聞く人誰でもそう思っていました。自分としては「どうしてもしょうがない」と言う一言には納得いきませんでした。その一言だけに終わらすつもりはありませんでした。法務省、入管のこういうおかしく、腐ったやり方は誰もが疑問を感じているよ、と言われましたが……？

自分がちょうど牛久に入る数週間前に、一人のアフガン難民が再収容される直前に、どのように自分の体をナイフでボロボロにしたのかという話を聞きました（新聞記事にもなっていた）。彼は前回二年あまり収容されていて、その間体はあらゆる病気でボロボロにされていました。絶望とストレスから自殺をはかる人は少なくありません。ストレスのあまりに心臓病、皮膚病になる人はもっとも多い。収容所を出られるために仲間に腕を折ってもらう人（この話を聞いた時に吐きそうでした！）。

自分は再収容の場合、一年間その地獄を我慢しなければならないと弁護士に言われていました。そんな所を一度体験している人は誰でも絶対に二度と入りたくないだろう！　しかしなんの遠慮はなく自分から堂々と？？？　まるで自分からくさりを首に付けることと同じ感じですよ！　しかも弁護士は収容期限を一年と言ってそれで済むとは限りませんよ（弁護士さえこのことを言っている時の顔にはあまり自信はないなと私は感じ取りました！）といいます。ともかく入管の難民体制には異議ありと思っていました。その体制には国際機関も不満があると何度も言い表しています。

ならばもっと異議の意志を発表し、日本政府に改善を求めれば良い！　政府だけでは改善は進まない場合、当然この社会の市民、人々に正義を求め、判断してもらえれば良いのではないのですか。もちろんそのためにはまずだいたいの事情を伝えなければどうしようもないので。それにほとんどのマスコミや報道機関は今まで難民問題にはあまり触れていなかったのか、あるいはよそ者扱いしていました。〇四年の二月頃から石原知事の外国人に対する不法就労外国人対策（入管法務省の外国人密告電子メールの設置）を頭に入れて、こんな厳しい状況の中でクルド人二家族は国連大学前にとび出して来ていました。

国連大学前での二家族との意見交換、支援の開始

私は二家族とコミュニケーションをとるために日本語とアゼリ語（トルコ語に近い）を使わなければなりませんでした。私自身としては難民問題を中心に考えるつもりでした。そのためにも何度かカザンキランさんやドーガンさんらになるべく他のクルド人仲間とも仲良くし、座り込みに参加されるよう話をしましたが、残念ながらその話はなかなか上手く進めませんでした。事実、何度かクルド友好協会のメンバーは夜遅く大学前を訪れて長い時間懸命な議論を続けました。お互いあおったりする時もありました。そう言うところを見たらやはりそう簡単には彼らの間に入り、信頼を得てそして問題解決のために何かできるかとはとても思えませんでした。少なくとも短期間で解決できるものではないとわかっていました。

カザンキランさんたちは会全体（クルド人であれ日本人であれ）の反対を押し切って国連大学前に出て来ていました。二家族がやけになるには無理もありませんでした。

こんな形で座り込み行動は完全に二家族の独自の行動（自力の）になっていました。彼らと唯一繋がりや応援を持っていた組織、団体は、アムネスティと牛久収容所問題を考える会でしたが、会の方はいろいろと悩んだりしたところもあったようで（はっきりわからない）、アムネスティも同じ国連内の組織部として遠慮がちの様子でした。座り込みは始まって二週間目にしてもまだちゃんとした声明文、ビラや賛同署名等何もありませんでした。ただ、それまでカザンキランさんらは新聞記者とのイ

ンタビューで話していた記事を（そのコピーもコンビニで行っていた）ひたすら集め、ビラや声明文の代わりに配っていました。

とりあえずビラのコピー代はコンビニだとずいぶん高いので自分の知り合いのところだとずいぶん安く出来ると説明したら彼らも受け入れてくれました。後になってから、声明文のようなものもまたしても友人の所で作ってもらいました。

自分の支援会の中ではクルド人らの行動を自然に（!?）まかせた方が良いと言う意見でした。支援会のメンバーの何人かは現場に何回かは顔も出してくれましたが、あまり関わりを持とうという感じではありませんでした。彼らもまだ難民問題に関してはそこそこの知識や関心を持っている程度で、難民問題への関わりも基本的に私の支援から始まったばかりだったので、結局、私の方からはある程度無理もさせたと思います！　でもだんだんと手助けしようという程度から前向きな方向へと変わっていきました。

組織化についての自分の考え

組織化しなければならないという論理について自分なりの理屈を説明します。短くして言いますと、どうしても座り込みの成果をあげるためには様々な人権組織・団体あるいは労働組合等の応援と支持を得なければならないなと、そのためにまず二家族なりのなんらかのかたちでのまとまりが必要だなと思っていたからでした。これは「イラン人難民国際協議会」（ＩＨＲ）の十四年間に渡るヨーロッパ・カナダ・オーストラリア等を中心に得ていた経験から私は思っていたことで日本でもそれしかないと感じました。しかし、まだカザンキランさんらは他の人たちへ不信感だかなんだかを持っていて（それは結構複雑な話なので）、とくに組織を作ってやっていきましょうという場合、なかなか意見を受け入れることは難しいことでした。事情を聞いたり、アドバイス出したり、慰めや心の支えになる言葉を言ってくれてきてくれました。私だけではなく、毎日のようにいろんな方が二家族の所へ訪れてくれました。若い日本人の男女は入れ替わりで集まって来てくれました。彼らはそれぞれ考え方なども違っていました。学生がいれば、社会人も、なんらかの活動をしている方がいればただこの座り込みの話を聞いて、国連大学前を訪れていた方もいらっしゃっていました。

毎日、テレビや新聞記者もやってきてくれていましたが、皆に対する説明はほとんどカザンキランさんの方でされていました。ずっと現場にいてその様子を見ていた人は誰でも、結構大変だなと、わかっていたと思います。もちろんドーガンさんもかなり自分の状況や座り込みをやり出した理由を説明していました。けれど、どうやらカザンキランさんと二人の間で役割分担があったためか（若干ドーガンさんの日本語力はカザンキランさんよりは低かったこともあった）ほとんど皆の質問にはカザンキランさんが対応していました。彼は座り込み三週間目にして喉がからからでも、自分の役を果たし続けようとしていました。カザンキランさんが倒れるのは時間の問題でした（結構いじはって頑張ろうとしていましたけど……）。

応援しようと思って毎日来てくれていた人々と同じく、国連側も一日に二〜三回はドーガンさん、カザンキランさんらを呼び出しにやってきていました。毎回三十分から一時間かけて話し合いを続けていましたが毎回毎回両方は怒っていたり不満そうな顔で戻ってきていました。このやりとりの最終的なところでは、どうやらUNHCRのカルセンティさんは「マンデート難民として両者を認めることは約束しますが、ただしそれは日本の裁判の決定が出された後のことでそれまで待っていてもらうしかない……」。それならこの約束を正式に文書にしていただこうと言うカザンキランさんの依頼に関して、「それは出来ません」とカルセンティさんは答えていた模様です。「ならばもうお話はこれっきりでお互い話は終わりだ」とカザンキランさんは言い残して出て来てしまいました。

次の日、カルセンティがまたカザンキランさんを話し合いに呼び出しに来た時、彼は逃げるようなかたちでどこかへ隠れてしまいました。その後呼び出しはいっさいありませんでした!!!（自分としてはおかげさまでやっとの事でUNHCRのお偉い様と会うことができ、自分のビラ等をカルセンティさんやピルゴ・コロラ（!?）さんらに手渡ししました！）

陳述書の作成、日本語訳のやり直し

最初のところで話したように、自分としてはまだUNHCRとの面談を依頼するには様々な準備が必要でした。その中のもっとも重要なものは自分の陳述書でした。事実、難民申請を出した後、何度にも渡り入管でインタビューを受けていましたが、いつもいつも通訳者のレベルの低さが問題で、なかなか言いたいことを伝えられませんでした。そのため、結局、入管側の依頼もあって自分の事情全

体をペルシャ語で書くことになっていました。五九ページの陳述書を数カ月時間をかけて書いて入管に提出しました。同じものを難民支援協会を通してUNHCRにも送りました。五九ページの内四九ページを直接難民支援協会のSさんに手渡しましたが、残りの一〇ページは後で、郵送で送りました。その五九ページの陳述書は入管の方で訳されたかどうかは確認さえとれずに収容されてしまいました。

そして後になって、弁護士からようやく手に入ってきた陳述書の日本語訳を読んでみたら、とんでもない訳になっていました。訳の間違っていた所はまだ良いのですが、所々重要な面ではあきらかに私の話と全く違っていることが勝手に書かれていました。しかし入管はまだ良いのですが（五九ページを訳してあった）UNHCRの方はその訳さえもやってくれていませんでした。その上なんと陳述書の最後の一〇ページ、私にとってもっとも重要な所でした（難民申請の理由について肝心な説明をしていました）が、なんとその一〇ページはUNHCRの中でなくなっていました!!!

事実、自分はこの話を牛久収容所に入ってから、そして難民支援協会に電話で問い合わせたところ〝X〟さんから伝えられました!!!　結局もう一度〝X〟さんの方から陳述書の残りの一〇ページをUNHCRの所へ送られたようです。しかし、それでも自分の所へUNHCRの日本語訳として届けられていたのは、なんと五九ページ（ペルシャ語で）のものが日本語のA四サイズでたったの四ページでした。たとえそれでも私の言いたい事を手短く伝えてあれば、また、納得いくのですが、残念ながらUNHCRの四ページでの訳と私の話したかった内容とは一切一致する所はありませんでした!!!

収容所内から何回も電話してその事について聞いてもまともな回答は出てこないし、長く喋ると一方的に電話は切られてしまいます！　これが強制送還の恐怖に怯えている相手（難民）に対する国連の難民高等弁務官の対応です！　いったいこれらのひどい話（入管やＵＮＨＣＲのやり方）をどこの誰に訴えて説明（正義・助け）を求めれば良いのでしょうか。

［今年（二〇〇四年）になって日本入管職員とトルコ警察との共謀問題が発覚して全日本そして全世界でそれは話題になり、国連ＵＮＨＣＲも（やむをえず？）それを批判しましたが、事実、私自身の難民申請に関しても、入管側は調査という口実で私の写真や本名を決してばらしてはいけない所に明かしていました（二〇〇三年八月頃）。この問題について当時のＵＮＨＣＲの事務所の人に電話で伝えていましたがどうやらあまり信じてくれたような様子ではありませんでした。これらの確実的な証拠は今は弁護士の依頼によって入管側から手に入ってきています！］

結局、法務省・入国管理局の私に対する難民不認定取消の争いのことで裁判に提出するため、そしてＵＮＨＣＲでは、三年あまり自分の申請から経ってもＹＥＳともＮＯともなんの回答はないことについて、その理由をたずねるためにも自分の陳述書を自分で訳さなければならないことになってしまっていました⁉

国連大学前での活動と支援者

毎日朝早くから新聞記者が訪れてくることもあれば、いつもその周辺を通っていく人々からも励ましや応援をいただきました。日中は様々な時間帯で個人や団体・組織等の方々が足を運んでくることもありました。だんだんと来る人が決まってきて、同じ人たちが夕方から深夜にかけて集まってくるようになっていました。いつも誰かが新しいニュースや情報をもってきていました。まるで何年間の仲間であるように二家族と会うたびに大喜びをし、お互いの間で絆を深め、飯をともにし、夜は一緒に寝泊まり等、もちろんいつものことで、必ず状況の話やそれからの方針に関しても討論は行われていました。

非常に心やさしい方たち、関心の深い方たちは毎日毎日のように欠かさず国連前を訪れ、とても心配そうに様子を見て、現状をはかっていて、自分たちなりに意見を出したり、アドバイスしたり、二家族の生活に必要なものを考えたり、用意して持ってきたり等をしてくれていました。二家族はその頃まだＵＮＨＣＲの玄関の前を動いていませんでしたので、必要なものを最低限にしぼっていました。しかし真夏の暑さを考えれば水分と氷はとても欠かせないものでした。氷はほぼ毎日のように藤沢と国連大前を往復していた岡本ファミリーによってコールマンとペットボトルでもってきていただきました。後々になって自分用の小さいテントも、岡本さんらに持ってきていただきました。毎日のようにダンボール、青いシート、横断幕を作るための布・ペンキ等、八月十三日と十四日に必要だったマイク・スピーカも全てはこの方たちによって用意されていました。もちろんこれらのことは彼らのやってくれていた応援のほんの一部に過ぎませんでした。

もちろん集まっていた他の方たちからも人それぞれ自分たちなり一生懸命できるだけのことをや

ってくれました。國場君、あだっち君らはカザンキランさんらの日本語の不備をカバーするために現場には欠かせない人たちでした（もちろん、とっても素晴らしくその役割を果たしてくれてもらいました）。織田さん、あきこさん、……他数名の方たち本当に必死で動いてくれていました。まだカザンキランさんやドーガンさんたちの不信感や信頼性は、解消していず、支援組織はできていませんが、そのような状態の中でとりあえず誰でも個人個人でできるだけの範囲で宣伝して人を集め、社会の関心をよせようと、方針をとるしかありませんでした。たくさんの方たち、ここで全員の名前をとりあげるのは自分には（今の状態で）限界がありますが同じ目標のためにいろいろと動いてもらって、宣伝したり、よびかけしたり、ビラ・チラシを作ってくれてそれを配ったり、メーリングリスト・Ｗｅｂサイトを作り、話を広げたり……これらの全ての行動の連携は八月十三日と十四日の素晴らしい集会で結果は現れていました（二〇〇人の組織・団体の代表・マスコミ・知識人・一般市民等が国連前の広場を訪れてきてくれました。警察公安等を含めて！）。

そんなに難民問題に関心がないと言われている日本社会で一気に集会を開き、そしてわずかな宣伝しか行われていないにもかかわらず、二〇〇人を集められました。特定の難民問題についてあまり知識がなくても人権、国際社会的な問題には人々は目をつぶらないのであろう！　我々の集会そして素晴らしく人々のそれに対する反応はこの事実を証明したことは誰にも否定できないでしょう！……しかもこの動きは我々難民たち自身にとどまりませんでした。ブルキッチ加奈子さんの提案で、今度日本国民として法務省入管のひどくいいかげんな難民政策に対して、異議をあらわすべきだろう！　ということで八月二十日に法務省前で日本人市民を中心に抗議集会が行われました。皆が仲間に呼びかけたおかげで六〇人程度の方々が心強く難民らの怒りの気持ちを露にしてくれました（お疲れ様でした。そして何度も何度も、ありがとうございました！）。

国連大学前、活動の広がりと「クルド人二家族を支援する会」の誕生

ようやく、三週間目から二家族専用に署名簿ができてきて、それらを持ちいろんな所での賛同集めが始まりました。国連大学前の路上から近所まで（数名の近所の方たちから、洗濯物やお風呂を使わしてもらうよう、心あたたかいさそいはありました。これ以上ありがたい事はいったい何が！　素晴らしい、という一言を捧げるしかないだろう！）、二家族の中の小さい活動家、メルヴェちゃんを始め、日本人サポーターの一人一人は取り組んでいました。茨城・埼玉・沖縄・神奈川・大阪・広島・名古屋の日本国内で、そして海外では、カナダ・オーストラリアやフランス等で署名賛同集めの対象になっていました。

そうです。一般人から集まり始まった座り込みの応援はもはや正当性をはっきりしており、たくさんの純粋で正常で心のある方たちの注意をよせてもらうようにしてくれました。おそらくいつまでも広がり続けていくだろう！（論点はたくさん残っていますが）……少しずつでありながらカザンキランさんたちの中でも状況の厳しさを把握してきていました。

他ではだいたいサポーターの中心的、そして欠かせない信頼性の高い人たちは明らかになってきていました。一人一人で情報を得たり、呼び掛けしたり、等のおかげで多少の繋がりが出来てきて形が

みえるような方向で動いていっているという気がしてきていました。カザンキランさんたちは一〇〇日の座り込みを宣言していました。でも必ずしも一〇〇日目まで待たなければならない、あるいは一〇〇日が経ったら何かが変わるとは誰も予測できませんでした。もちろん目的は国連側との話し合いで問題解決に向かって行こうと言うことにはなんの変わりはありませんでしたが、確実な作戦と予定は二家族にはありませんでした。ではもしも一〇〇日の目標より先に成果を得られるようであればどうするのでしょうか？　もちろん喜ばしい話だろう（二家族にとってもサポーターらにとっても）。

自分でもだんだんとカザンキランさんらに信頼されてきたところから、そして状況の急変はあまり期待できなくなったところをみてわかった（了解していた）様子から組織作りの正当性《必要性》は彼らも欠かせないなと認めてくれました。個人から始まっていた話題は、だんだんと他の個人から今度はいろんな政治・人権・市民の組織・団体へと広がり、そのためにはやはりそれ以上のことをやる予定であれば、自分たちの所できちんとした、まとまったかたち（グループ）はあった方が良いと皆もわかってきていたのでしょう。もちろん、どんな事よりもなんとかして良い結果を元に座り込みを終結させなければならない、二家族は当然、他にせっかく集まっていた人たちも安心させなければならない。座り込みは長引くにつれ、効果《勝利》の確立は高まっているわけではないなと私の意見でした。人の精神的、肉体的な限界そして状況をみてそこにいる期間の限界があるのだなぁとつくづくと思っていました。おそらくそう思ったのは私だけではなかったでしょう！（この事について大いなる議論の余地はあるんだろう）

白いテントの中にはさまざまな所から集まってきてくれた二五人から三〇人ほどの支援者（ありがたく、素晴らしいお集まりでした）。筑波大学生ら、埼玉県のある小さな労働組合の代表、東先生と仲間、毎日夕方から深夜にかけて藤沢市から駆けつけてくれた岡本一家、皆さんご存知の國場くんと織田さん、富永さん、ブルキッチ加奈子さんと仲間のうだがわさん、座り込みのことで独自のサイトを作り一生懸命それを盛り上げていたムキンポさん、アフメットさん、ゼリハ、ドーガンさん、フライパンさん、学生でカメラマンのN君、……他。その日の晩までは活動の主な内容は署名集め、政治家（国会議員）などへの働きかけ、いろんな所の集会に顔を出してビラを配ったり宣伝したりすることでした。しかし、準備が上手くできなかったり、負担が少人数にかかったり、サポーター全体の繋がりや情報の流れは良くありませんでした。いろいろと問題はあってそれらを解決する必要がありました。

それにもっと重要な事はなんとしても一日も早く座り込みの目標達成に向かって決定的な方針を取らなければなりませんでした。ようするに、法務省なりに、UNHCRなりに、もっと圧力かけて、交渉の場等を作ってもらって問題を解決させなければなりませんでした。東京のど真ん中に難民キャンプ??? 誰がどうみてもその状況（道のど真ん中で生活している二家族・女性・子ども、……）は異常でした。ならば大変な生活状況、生き残りを賭けている状況から元の普通の所へ戻るにはそうとうな力が必要でした。しかし、それも短期間でそれを自分たちの方に向かせなければならない。ではそれなりの素晴らしい連携を希望するのであればやはり最低限の準備として独自の組織は要求されるだろう！　座り込みのために二家族の難民問題の専用に緊急の組織として（短期間に）もつ、多いに呼び掛け等を行い……問題が解決したら、いったん解散する。もちろんせっかく顔見知りになった方たち、もっと難民問題に関心があるようであれば、新しい仲間としてそのあと、別の形で（緊急な形ではなく）一緒に、根本的な活動に取り組めば良い（自分にとっては大歓迎です）。ともかく大多数の賛成で「クルド人二家族を支援する会」はこの日の集まりによって誕生しました。カザンキランさんの希望でとりあえずブルキッチ加奈子さんが事務局長に選ばれました。

国連大学前座り込みへの合流

確かに会議の中では「ジャマルを支援する会」と一つになれば等の案も出ましたが、私はそれに賛成しませんでした。私の会のメンバーらはとっくに二家族の支援に関わっていました（特に伊藤さんと私は毎日のように現場で会ったり、情報交換を電話でやっていました）。それに支援会（ジャマルの）のメンバーはその集まりに参加していませんでしたし、何かを決めるようであれば皆に事情を話して意見をきく必要がありました。二つの支援会は別々でしかも協力しあえる形での話になりました。一方では二つの会といくつか他に組織として数名の個人らは共に連携して声明を作り、法務省前での抗議デモに取り組みました！

八月十七日から、収容所に入る前に勤めていた警備会社の寮を（三カ月泊めてもらっていました）会社の都合（合併）で出ることになっていました。ちょうど国連大学前の座り込みにも合流するかどうかを決める時期になってきていました。もちろん自分の支援会の仲間（酒井さん）の所へ戻ることも出来ました。しかし、いったいいつまでこんなあやふやな状況を続けなければならないのかと自分なりに考えたところ、座り込みへの合流を決意しました。当然、それによって自分の難民問題、イランの国民の二十五年間にわたって続いているかなり厳しい状態（政治的・経済的）、聖職者らによる女性・若者・労働者・学生・知識人等らに対して行われている抑圧・鞭打ち・刑務所・処刑・暗殺（反政府活動家ら）を日本社会へアピールできることも多いに考えていました。私は十一歳の頃から二十二歳まで（日本に来る時期）坊主らの権力の下で（神権政治）何を見てきたのか、そして二十五年間イラン社会の権力はイスラム宗教の坊主らの手に入ってから今はどんな状況なのか。特に最近になって（イラク・アメリカ戦争）中東情勢で起きていることを、マスコミは本当のことを伝えているかどうか……政教分離はイランを含めて中東諸国にそして全世界にどんなに重要なのかを皆に伝える必要があると思います［現在全世界では最低四〇〇万人のイラン人亡命者が存在していると言われている。しかし未だにその流れは（聖職者の権力の下からの脱走）止まりを知りません］。

二〇〇四年の三月に国会の衆議院選では国民の一〇%から一五%しか選挙に行っていないというニュースは日本をはじめ全世界で報道されました。つまりここ数年間マスコミによって宣伝してきたイラン国内の改革話は全てどこかへ消えてしまいました。あるいはその話（事実）には最初から根拠はなかったとか！　二〇〇五年の七月頃にはイランの大統領選が予定されています。その改革派の代表でもあったハタミ大統領の八年間の任務はここで期限切れとなります。新たにイスラム政権の過激派は投票されることは確実的です。つまり二十三年前ホメイニ氏の時代と同じくかなり弾圧の範囲は広まるだろうと一般人から政治家までかなり心配し、緊急の警鐘を今から鳴らしています。

イランは安全な国ではない。いつか現政権はイラン市民によって打倒される日が来るだろう。その時にはここ数十年間坊主らによってイラン国民・女性・若者、等はどんなにひどい目にあったかは全世界が注意するだろう。そしてあまりの衝撃に悲しい涙、悔しい涙を流すだろう。忘れてはいけないのは、残虐な衝撃、九・一一テロはイスラム過激派、文明社会と対立している野獣人物らによって起こされました。しかし五年間に渡り同じ人物からのかなりの残虐的な行政はアフガニスタンの国民に加えられてきました。イスラム聖職者らによる神権政治の歴史、行われていた犯罪・非人道的なやり方を書くためだけでもかなりの勇気が必要だと思います。けして勘違いしてはいけない。だからと言ってアメリカによるイラク国民に行っている悲劇、ブラックシナリオ（テロとの戦い？？？）はとても賛成ではない。あるいはイランの聖職者らを打倒させるために同じような戦争を持ち込む事は賛成しないし望んでもいない。あくまでイランの国内の情勢の行方を決めるのは、決めなければならないのはイラン国民自身です。しかし国際社会としては、政治的な関係だけで、イランの権力側に圧力をかけて改善を求めさせなければならない。より明るい、自由で平和な人類の未来のため！

ようやく私は弁護士と一緒にＵＮＨＣＲとの面談が認められました。九月十七日には声明文を出し、記者会見を行い入管の出頭命令には応じないと発表していました。つまり高裁の入管の抗告についてのジャマルの再収容判決には自分の異議を表わすつもりでした。前にも言ったように地裁は私に対して「難民の相当程度の蓋然性がある」という決定を出していました。そしてＵＮＨＣＲの方でも認めているように、基本的に難民らを収容すること自体が許されないことです。日本の裁判所で自分を難民と認めているのだから、国連としては入管側のやり方を積極的に批判し、難民ら全員の不当な収容を止めるべきではないかと私なりのアピールでした。二家族も座り込みに打って出てきた理由の一つは再収容されることに反対しそれを避けるためでした。

しかしＵＮＨＣＲのカルセンティと面談した時、まずは自分の申請に対する無言の弱々しい対応、あるいはもっとひどい話、つまり私の陳述書をなくしていたことについてなんと、全く回答はありませんでした!!!　なぜかいきなりとても優しくなっていて、私に家の提供をすると言い出しました(!?)

以前四月十五日に収容所を出た時にＵＮＨＣＲの小田野さんに電話で収容によって仕事や住居がなくなった自分の事情を話したら〝あなたには支援会がいるだろ？〟と慌ただしい対応で話を終わらされてしまいましたが、今度はなぜかカルセンティ氏から家の提供の話が出ました。

国連前での自分の座り込みは二十四時間体制で、一カ月あまり続いていました。我々が作っていた自由な地区には様々な方のあたたかい応援と人間性の深い感情は毎日のように寄せられていました。いつの日からか、朝一番の（八時頃）応援は、とても丁寧に詰められていたお弁当箱から始まり、夜の遅い時間まで続けられていました。サポーター同士の熱い議論があれば誰かの誕生日パーティーも一緒に祝うこともありました。あるいはお別れパーティーもね！（ブルキッチさん兄弟らのフランスへの帰国）どこからか心配されていた食料の応援がくれば、全国あちらこちらから署名賛同への問い合わせ、あるいは郵送で送っていただくことも次々と出てきました。これは誰も予測していなかったのではないでしょうか？　日本国民の素晴らしき関心はこれで証明されたのではないでしょうか。全員、見たことある方も見ることは出来ない方々にも一人一人に心の奥底から感謝します！　どうぞこの小さな感謝の気持ちをお受け入れて下さい！　そしてどうかこれからも応援と支持をどうぞよろしくお願い申し上げます！

難民問題に関する用語集

【あ行】

一時旅行許可：仮放免がでても自分が居住する県内しか行くことができない（例えば東京都世田谷区に住んでいたら東京都、神奈川県横浜市に住んでいたら神奈川県だけ）。それ以外の地域に行くときには所轄の入国管理局に身元保証人、移動（旅行）の目的、必要性や期間を明らかにした書類を提出しなくてはいけない。

【か行】

仮放免：不法滞在者（難民申請中にオーバーステイになった人も含む）とされる外国人については収容され、後に国外退去（退去強制）の手続きがはじまる。病人や、入管で収容所外に出してもよいと判断された人には「仮放免」が認められる。しかし、外に出ても毎月一回、指定された日時に入管に行き、仮放免延長手続きをとらなければならない。

国際連合（国連）：第二次世界大戦直後の一九四五年十月二十四日に発足した、国際連盟に変わる国際平和機構。国際平和の安全の維持、経済・社会・文化面の国際協力の達成などを目的とする。日本は一九五六年に加盟。本部はニューヨーク。

国際連合大学（国連大学）：日本に本部を置く数少ない国連機関の一つ。通常の教育機関のようなキャンパスや学生は存在せず、人類の生存、発展及び福祉という世界的な問題を、途上国からの研究者の参加も得て、学問の分野にとらわれない研究を推進している。UNHCRもその機関の一つである。

国際連合難民高等弁務官事務所：難民の国際的な保護・救済、自発的帰国あるいは定住などを促進するための国際連合の機関の一つ。一九五一年、国際難民帰還の事業を引き継ぎ開設。本部はジュネーブ。略称UNHCR。

【さ行】

児童の権利条約：正式名称、児童の権利に関する条約。十八歳未満の子どもを保護の対象としてだけでなく、権利の主体としてとらえ、具体的な権利内容を総合的に規定した条約。

一九八九年国連総会で採択。日本は九四（平成六）年承認、発効。

世界人権宣言：人権及び自由を尊重し確保するために、「すべての人民とすべての国とが達成すべき共通の基準」を宣言したものである。人権の歴史において重要な地位を占めている。一九四八年十二月十日国連総会において採択された。なお、毎年十二月十日を「人権デー」として、世界中で記念行事をおこなうことが決議されている。

【な行】

難民：「難民の地位に関する条約」は、難民を「人種、宗教、国籍、政治的意見や又は特定の社会集団に属するなどの理由で自国にいると迫害を受けるかあるいは迫害を受けるおそれがあるために他国に逃れた」人々と定義している。今日では、難民は、政治的迫害のほか、武力紛争や人権侵害などを逃れるために、国境を越え他国に庇護を求めた人々を含む。

難民条約：難民の権利保護を目的とする条約。迫害のおそれのある国への追放・送還の禁止などを定める。一九五四年国連が発効。日本も一九八一年に難民条約に加入している。

入国管理局：出入国の管理、外国人が日本に住む手続き、難民の認定などに関する事務を行う。

ノン・ルフールマン原則：追放・送還禁止の原則、つまり拷問、処刑される恐れのある人をその国に返してはならないという原則。

【ま行】

マンデート難民：マンデート難民とは国連難民高等弁務官事務所（UNHCR）がその独自の判断により、人道的な見地から保護すべきとして認定した者（mandate は「命令」「指令」の意）。

サポーターの紹介

国連大学前にはほんとにたくさんの人々がきてくださいました。日本人はもちろんいろいろな国の人がいました。「日本人ではないのですが署名していいですか?」とたくさんの外国の人々が署名にも協力してくださいました。国連大学前を訪れてくださった多くの人をご紹介したいのですが、紙幅の関係上、この本の執筆者とクルド人二家族を支援する会の事務局メンバーの紹介にとどめさせていただきます。国連大学前に来てくださった皆さん、この場を借りてお礼申し上げます。ありがとうございました。

東先生　ハティジェ、メルジャンの定時制高校の先生。可愛い生徒を助けるために今日も頑張る。こんないい先生なかなかいないね。二代目事務局長。

寺井律子　某都立高校学校司書。教員免許取得のため、教育実習に来てハティジェ・メルジャンと知り合う。なかなか国連大学前に顔は出せなかったけど、いろんな団体と協力して二家族をバックアップする影の功労者。お肌の美しさは、溢れる博愛精神のお陰か。

國場大介　人なつっこい沖縄青年。初期の頃から国連大前で二家族と一緒に暮らしていた。すっかり家族の一員。目指せ!世界平和。

あだっち　縁の下の力持ち的存在。支援会唯一のベテラン活動家。二家族と生活を共にして彼らのバックアップをする。堺ま○あ○似。ラヴ&ピースの自由人。

浅野光明　茨城から渋谷まで往復を繰り返す頑張り屋さん。人情味豊かな熱血お兄さん。難民支援団体「牛久の会」のメンバーでもある。

織田朝日　よく泣き、よく怒り、とにかくよく笑う。行動力はバツグンの猪突猛進型。燃えるロリ顔。自称・メモシュの婚約者。心に響くメガホンアピールは、聞く人々に感動を与える。

周香織　ほのぼの癒し系。コンピューターに強くてかなり頼りになる。趣味のカメラの腕はすでにプロ級。国連大学前の座り込みに遭遇して以来、人生一変。現在、ジャーナリスト目指し修行中。

加奈子　初代事務局長。本格的な支援会結成も彼女の力によるもの。美貌のファイター。

岡本ファミリー　父、母、娘。いつも遠い藤沢の方から車で通ってくれた。座り込みに必要な物はほとんど自腹で寄付してくれた献身的家族。

フライパン　いつも笑顔でおとなしめの純朴青年。顔の広さはかなりのもの。子供大好き。

伊藤一　ジャマルさんを支援する会のメンバー。非常にインテリで温和な紳士だが、かつては著名な活動家として、その世界では名前を轟かせていた。冷静な洞察力が特徴。

ムキンポ　一見、カメラ小僧。プライベートも本名も謎の人物。気の向くまま、風の向くまま浮世を渡っている人。

あとがき

早いもので、クルド人二家族が国連大学前で座りこみをはじめてから、この七月十三日で一年がたちます。七十二日間という長期の座りこみ、二家族の中には幼児や高校生も含まれていたという話題性もあり、このことは各種メディアにより日本全国に報道されました。この本を読んで下さったみなさんの中にも、テレビや新聞で二家族についての報道を目にした方も多いことでしょう。この家族の行動により、はじめて日本の難民問題を知ったという人も、数多くいると思います。

実は、私たち「クルド人難民二家族を支援する会」の大半のメンバーもそうでした。二家族の訴えを聞いてはじめてこんな大きな問題があることに気づき、この問題を何とかしなくてはならない、この二家族を見殺しにしてはならないという止むにやまれぬ思いから結成したのがこの会でした。ほとんどのメンバーが難民問題については素人でした。

けれどもほとんどが素人であったことは、必ずしも悪いことではなかったと思います。素人であるがゆえに出来なかったこと以上に、素人であったがために出来たことも多かったように思います。何よりも、いま目の前にあらわれて助けを求めている人たちをこのままにしておけないという強い気持ちにみな突き動かされていました。法律がどうなっていようと前例がどうであろうと、一人の人間として、日本人として、彼らに対するこの国のひどい扱いは納得いきませんでした。

もちろん私たちも学習を重ねました。今ではこの国の難民制度とその限界も分かってきました。しかし、どんなに難民状況に詳しくなっても、普通の市民が理解できないような難民制度は間違っていると思います。日本人の一人として、本当に恥ずかしいと思います。

私たちの支援活動が今までの難民支援と違っていたのは、難民自身が名前と顔を公表して、自ら訴えたというその一点にあると思います。今では私たちも、それがどんなに危険なことだったか身にしみて分かっています。しかし彼らの座りこみを契機としてこの問題を知った私たちは、彼らを支持し、支援したいと思いました。彼らのアピールをいかに多くの人に知らせるか、いかに大きな問題にしていくかと常に考えました。あおり行為だとか、難民を危険に追い込む行為だとか批判も受けましたが、彼らの訴えに共鳴して集まった私たちに他の選択肢がなかったこともまた事実でした。

文中で他の人も書いていますが、国連大学前での座りこみは、決して辛く苦しいだけの場所ではありませんでした。二家族とともにあの時間と場所を共有することは、訪れたサポーターに共感と熱気をもたらしました。そして、二家族との交流は（誤解を恐れずに言えば）楽しかったのです。彼らは決して狂信者ではなく、歌と踊りと冗談の好きな普通の人達でした。隣人でした。彼らの望みは人間としてきちんと尊重されることでした。一人一人が魅力的な人たちでした。私たちは彼らに人間的な共感を感じ、その共感が国連大学前に何とも言えない熱気を生み出しました。いま自分たちが二家族の座り込みを支援することで、歴史的な瞬間に立ち会っているという実感が確かにありました。突然（当時の）法務大臣宅に押しかけたり、できうる限りの集会に参加して署名を集めたのも、素人ならではの怖いもの知らずとともに、彼らへの共感と国連大学前の熱気がさせたことだと思います。

ただ、彼らの訴えをいかに広め、どのようにこの国の難民行政を変えていくかについての具体的な見通しは誰も持っていませんでした。誰もが経験したことのない事態を前に、手探りですべてを進めていくしかありませんでした。座り込みデモの、あの衝撃的な結末。とうとうマンデートが出たと喜んだら、「そんなものは関係ない」と入管職員に言われてしまう。おそらく難民認定を求める署名としては空前絶後の、六万三〇〇〇筆を超える署名を集め法務省と交渉したすぐ次の月に、アフメットさんとラマザンさんが電撃的に強制送還されてしまう。カザンキラン家の残された家族については、法務大臣と首相が「人道的な見地から第三国への出国に協力する」と公式に表明したにもかかわらず、カザンキラン家の出国見通しはいまだに立っていません。マンデートが出ていないドーガン家については、支援会でカナダへの出国を検討し、生活資金も集め、現地での保証人も確保し、さあいよいよカナダへ難民申請をしようという時になって、エルダルさんが収容されてしまいました。そのため、当初の予定が大分ズレこみました。

いったいこの二家族をどこまで苦しめたら気がすむのでしょうか？　法の不備云々の問題ではなく、二家族に対するこの仕打ちは犯罪であると思います。

支援会としてあの七十二日間の座り込みと、サポーターたちの記録を本にしようと最初に言い出したのは、織田朝日さんでした。この問題が風化することのないよう、きちんと記録しておこう、と。彼女の力強い言葉に賛同した何人かで編集委員会をもち、分担を決めて、二〇〇五年頭には、第七章を除いた第一部の原稿はほぼ書き上げていました。第二部の原稿も依頼してあったのです。ところが、十八日の強制送還からしばらくは、本の制作どころではありませんでした。やるべきことが山のようにありました。けれどもそんな中でも、私たちは何とか本の出版はしたいと思い続けていました。このように悲劇を二度と繰り返してはならない、日本中にこの問題を伝えたいと思いました。さいわい緑風出版が引き受けてくれることになりました。紹介してくれた千葉宏氏にも感謝を捧げたいと思います。

第二部は記名原稿ですが、第一部は支援会の中で分担を決めて書きました。基本的には章ごとに分担が違いますが、当初は二つの章に分ける予定だったものを合併させたところもあったため、執筆者をいちいち書くとうるさい印象を与えると思い記名しませんでした。ただしコラムはすべて署名を入れました。章の途中でいきなり視点が変わってしまったことに驚かれた方もいらっしゃると思いますので、第一部(コラムを除く)と巻末の用語集、サポーター紹介の執筆分担を書いておきます。

はじめに：東 文男
第一章　一四頁：東、一五頁～三〇頁：織田朝日
(家族のプロフィール　カザンキラン家：東、ドーガン家：織田、行動の記録：織田)
第二章　三三頁～三七頁：國場大介、三八頁～四八頁：東

第三章：寺井律子
第四章：周香織（小鳥）
第五章：東
第六章・第七章：織田
難民用語集：加奈子
サポーター紹介：織田&周

なお、第二部の第一章を執筆してくれた岡崎智氏はジャーナリストとして、日本の難民制度について腰を据えた取材を続けている方です。ジャーナリストとして公正中立を保つために支援会には入っていらっしゃいませんが、常に温かく二家族を見てくださっています。この場を借りて感謝の意を表したいと思います。

また、二家族を大学に招いてその講義の模様を自費出版された青山学院大名誉教授の雨宮剛先生、クルド難民弁護団事務局長の大橋毅弁護士、ドーガン家のカナダ出国手続きに奔走してくれたIfny・Lachanceにも感謝いたします。その他にも数え切れない方たちのサポートにより、支援会の活動は支えられ、そのおかげでこの本も出版できることとなりました。そして、もちろんクルド二家族の皆さんに感謝の意を伝えたいと思います。彼らの勇気ある訴えがなかったら、私たちだけでなく日本の多くの人々も難民問題について知らなかったのではないかと思います。そして、それ以前も以降も苦しみ続けている二家族だからこそ、今度こそ安心して暮らせる場所に送り出してやりたいと切に思います。

二家族の第三国出国は本質的な問題解決になっていないと言う人もいます。私たちとしても、本心は彼らと一緒に日本で生きていきたい。しかし、カザンキラン家の二人が強制送還された今、いつ他の家族も強制送還されるかわかりません。たとえ収容や送還が行われないとしても、就労も許可されないままで、どうやって生活していけるというのでしょうか。私は、彼らは二回「難民」にされたと思っています。一度はトルコによって。もう一度は日本政府によって。いつまでこんな苦しみを日本は難民に与え続けるのでしょうか？

もし無事に出国できたとしても、「強制退去」を言い渡された彼らには、五年間再入国が許可されません。けれども、彼らがもう一度日本を訪れることが出来る時が来たら、その時までにはもう少し温かく彼らを受け入れられるような国にしていきたいと思っています。夜明けはかぎりなく遠く思えますが、明けない夜はないはずです。この本を読んでくださった皆さんが、難民問題について考えてくれるきっかけになれば私たちにとってこれにすぐる喜びはありません。

二〇〇五年六月十九日

クルド人難民二家族を支援する会・代表　東文男

［編著者略歴］

クルド人難民二家族を支援する会（くるどじんなんみんにかぞくをしえんするかい）

2004年8月29日、当時国連大学前で座り込みデモを行っていたクルド人難民二家族（カザンキラン家・ドーガン家）の訴えに突き動かされ、二家族の支援のため結成された会。現在は彼らの主張を広く伝える一方、二家族の第三国出国と生活支援を中心に活動している。現在の代表（事務局長）は東文男。

連絡先：〒336-0923　埼玉県さいたま市緑区大間木394-2（東）
HPアドレス：http://homePag3.nifty.com/kds/
郵便振替口座：クルド人難民二家族を支援する会　10140-99924511

難民《なんみん》を追《お》いつめる国《くに》――クルド難民座り込みが訴えたもの

2005年7月10日　初版第1刷発行　定価1700円＋税

編著者　クルド人難民二家族を支援する会 ©
発行者　高須次郎
発行所　緑風出版
〒113-0033　東京都文京区本郷2-17-5　ツイン壱岐坂
［電話］03-3812-9420　［FAX］03-3812-7262
［E-mail］info@ryokufu.com
［郵便振替］00100-9-30776
［URL］http://www.ryokufu.com/

装　幀　堀内朝彦
制　作　R 企 画　印　刷　モリモト印刷・巣鴨美術印刷
製　本　トキワ製本所　用　紙　大宝紙業　E2000

Printed in Japan　ISBN4-8461-0511-3　C0036